新型供应链金融缓解小微企业融资约束机制研究

朱长明　李梦怡　刘　扬◎著

中国商务出版社

·北京·

图书在版编目（CIP）数据

新型供应链金融缓解小微企业融资约束机制研究/
朱长明，李梦怡，刘扬著. -- 北京 ： 中国商务出版社，
2024. 9. -- ISBN 978-7-5103-5453-3

Ⅰ. F279.243.56

中国国家版本馆CIP数据核字第2024BH4144号

新型供应链金融缓解小微企业融资约束机制研究

朱长明 李梦怡 刘 扬 著

出版发行：中国商务出版社有限公司

地　　址：北京市东城区安定门外大街东后巷28号　　邮　　编：100710

网　　址：http://www.cctpress.com

联系电话：010—64515150（发行部）　010—64212247（总编室）

　　　　　010—64515164（事业部）　010—64248236（印制部）

责任编辑：徐文杰

排　　版：北京盛世达儒文化传媒有限公司

印　　刷：宝蕾元仁浩（天津）印刷有限公司

开　　本：710毫米×1000毫米　　1/16

印　　张：11.5　　　　　　　　字　　数：187千字

版　　次：2024年9月第1版　　　印　　次：2024年9月第1次印刷

书　　号：ISBN 978-7-5103-5453-3

定　　价：79.00元

前　言

在全球化经济背景下，小微企业作为市场经济的重要组成部分，其发展状况直接关系到经济活力和社会稳定。然而，融资约束一直是小微企业发展的主要瓶颈之一。传统融资模式往往难以满足小微企业的融资需求，导致其资金链紧张，发展受限。近年来，供应链金融作为一种创新的融资模式，为缓解小微企业融资约束提供了新的思路和途径。本书旨在深入探讨供应链金融的理论基础、实践模式及其缓解小微企业融资约束的机制，以期为相关领域的研究者和实践者提供参考和借鉴。

随着全球市场竞争的加剧和产业链的不断延伸，小微企业在经济发展中的作用日益凸显。然而，由于其规模较小、信用记录不足、抵押物缺乏等特点，小微企业普遍面临融资难、融资贵的问题。传统金融机构在风险评估和成本控制方面的考量，往往使小微企业难以获得足够的资金支持。在此背景下，供应链金融作为一种新兴的融资模式，通过整合产业链资源，优化资金流和信息流，为小微企业提供了更为便捷、低成本的融资渠道。

本书共分为五章，内容涵盖供应链金融概述、小微企业融资现状及约束、新型供应链金融模式、供应链金融缓解融资约束的机制、供应链金融的政策环境。

第一章对供应链金融的定义、特点、风险及其管理进行了全面阐述，并与传统融资模式进行了比较分析，突出了供应链金融的重要性和优势。第二章深入剖析了小微企业的融资现状及约束原因，探讨了现有融资模式的局限性，并详细分析了供应链金融对小微企业的作用及其融资需求与供应链金融的匹配问题。第三章介绍了新型供应链金融模式的特点与优势，详细阐述了基于核心企业、物流与电商平台以及区块链技术的供应链金融模式，并对其风险评估与管理监管进行了深入探讨。第四章是本书的核心部分，系统分析了供应链金融缓解小微企业融资约束的机制，包括降低信息不对称、增强小微企业信用、优化资金流管理、降低融资成本、匹配融资需求以及提升融资效率等方面。第五章探讨了供应链金融的政策环境，包括政府对供应链金融的支持政策、法律与监管环境以及市场前景，为供应链金融的可持续发展提供了政策指导。

本书的特色主要体现在以下几个方面：

（1）系统性：本书从理论基础到实践应用，全面系统地探讨了供应链金融缓解小微企业融资约束的机制。

（2）创新性：本书结合最新的研究成果和实践经验，对新型供应链金融模式进行了深入剖析，具有较高的创新性。

（3）实践性：本书通过大量实践案例，展示了供应链金融在实际操作中的应用效果，具有较强的实践指导意义。

（4）前瞻性：本书探讨了供应链金融与科技金融的融合趋势，对未来发展方向进行了有益预测。

本书适用于以下群体：

（1）小微企业管理者：通过本书，小微企业管理者可以深入了解供应链金融的运作机制，为企业融资提供新的思路和途径。

（2）金融机构从业者：本书为金融机构从业者提供了供应链金融的理论基础和实践模式，有助于其在业务创新中更好地服务小微企业。

（3）政策制定者：本书的政策环境分析可为政府相关部门制定供应链金融支持政策提供参考。

（4）学术研究者：本书的系统性分析和创新性观点可为供应链金融领域的学术研究者提供研究素材和思路。

在本书的编写过程中，我们力求做到内容全面、观点新颖、实践性强。然而，由于供应链金融领域的复杂性和多变性，本书难免存在不足之处。我们衷心希望广大读者能够不吝赐教，提出宝贵意见，以便我们在后续的研究和修订中不断完善。同时，我们也深知，任何理论的研究和实践的探索都离不开一线工作者的辛勤耕耘和创造性实践。因此，我们更期待本书能为供应链金融领域研究者和实践者提供帮助，大家共同开启缓解小微企业融资约束的新篇章。

作　者

2024年3月

目　录

第一章 供应链金融概述

第一节 供应链金融的定义与特点

一、供应链金融的定义

供应链金融的定义不仅涉及金融和供应链两个领域，还涉及如何通过金融手段优化供应链资源配置，从而提升整个链条的运作效率和效益。供应链金融是一种整合了供应链管理和金融服务的新型金融模式，它通过将供应链中的各个环节（包括供应商、制造商、分销商、零售商等）与金融机构紧密联系在一起，旨在通过优化资金流、信息流和物流来提升供应链的整体效率，同时缓解各环节特别是小微企业的融资困难。供应链金融的定义通常包括以下几个方面。

供应链金融是一种基于供应链的金融服务模式。供应链是指产品从原材料采购最终到消费者手中，经过一系列供应和需求环节，这个复杂的系统包括生产、存储、运输、分销等多个环节。传统的金融模式往往仅关注单个企业的财务状况，而忽略了这个企业在整个供应链中的角色和作用。供应链金融则不同，它强调在整个供应链层面上，评估和管理金融风险和收益，同时提供定制化的金融解决方案，以满足供应链中各类企业的融资需求。

供应链金融有着紧密的协同和信息共享机制。供应链上的各个参与方通过信息技术和数字化手段实现协同和信息共享，一方面提高了供应链的透明度和可控性；另一方面也为金融机构提供了更为详尽的信用评估依据。金融机构可以基于供应链中各个环节的真实交易数据，覆盖包括订单、物流、仓储、库存等多个方面的信息，从而更准确地评估企业的信用风险。这种信息的透明和共享不仅降低了金融机构的风控成本，也提高了融资的效率。

供应链金融高度依赖于大数据、区块链、人工智能等先进技术。大数据技术帮助金融机构掌握了供应链各个节点的实时数据，区块链技术提供了数据的安全存储和传输机制，使得供应链金融的操作更加透明和可信，人工智能则通过数据分析和风险模型的建立，进一步提高了供应链金融的效率和精准度。例如，通过大数据分析，金融机构可以识别出供应链中的关键节点和风险点，设计出更为合理的融资方案和风险控制措施。

供应链金融致力于提高供应链的资金使用效率和降低融资成本。供应链金融通过整合上下游企业的资金需求和现金流情况，优化整个链条的资金使用效率。例如，通过应收账款融资、存货融资、订单融资等产品，金融机构可以根据企业在供应链中的实际业务需求，提供灵活多样的金融服务，从而帮助企业迅速获得所需资金，支持其生产经营活动。这种融资方式明显降低了企业的融资成本，相比传统的银行贷款模式，供应链金融可以提供更快、更便捷的融资渠道。

供应链金融具有明显的风险分担机制。在传统的金融模式中，个体企业的信用风险较高，特别是小微企业往往面临难以获得融资的问题。而供应链金融通过优化供应链上下游企业的协同，可以有效降低信用风险。一方面，通过供应链上的核心企业，金融机构可以获得更为可靠的还款保障，因为核心企业的信用状况和业务稳定性较高；另一方面，小微企业作为供应链的一部分，其信用风险也可以通过链条上的其他企业得到分担。这种风险分担机制使供应链金融在降低整体风险的同时，提高了小微企业的融资能力。

供应链金融强调金融与实体经济的深度融合。传统的金融体系与实体经济之间往往存在脱节现象，金融机构更多关注贷款的抵押物和担保，而较少关注企业的实际经营状况和供应链中的角色。供应链金融通过将金融服务深入整合到供应链的各个环节，关注企业的实际业务需求和运营状况，从而实现了金融服务和实体经济的深度融合。例如，农业供应链金融通过为农民和涉农企业提供生产资料采购、农产品收储等环节的金融支持，直接服务于农业生产和流通环节，大大提升了农业生产效率。

二、供应链金融的基本特点

供应链金融不仅有效地整合了资金流、物流、信息流等要素，还在很大程度上缓解了小微企业面临的融资困境。在当前这一部分中，我们将详细探讨供应链金融的基本特点，以便更全面地理解这一金融工具的独特性与其在实际应用中的意义。

供应链金融的基本特点体现在其对供应链上下游企业的全面服务能力上。它通过围绕核心企业构建的金融服务网络，向链条上的所有参与主体提供资金支持和金融服务。这种服务模式可以提高供应链整体的运作效率和抗风险能力。在传统的金融服务模式中，企业之间的金融联系相对分散，很难形成协同效益。而供应链金融通过将核心企业、供应商、分销商甚至终端客户紧密联系起来，实现了整个链条资金的高效配置。例如，核心企业的良好信用可以向供应链上的中小微企业传递，通过银行、保理公司等金融机构的参与，上下游企业能够更容易地获得融资。

供应链金融具备高度的透明性与可追溯性。供应链金融借助现代信息技术和互联网平台，实现了信息的实时共享与流转，使全链条的运作更加透明和可控。信息的透明化和可视化不仅能够降低交易成本和信息不对称，还能够使金融机构更准确地评估风险，从而提高融资效率。通过互联网和大数据技术，金融机构可以对供应链全流程进行动态监控和管理，以更好地了解企业的运营状况、资金流向以及信用水平。这种透明性和可追溯性在很大程度上可以降低融资风险，提升金融服务的针对性和精准度。

供应链金融具有灵活多样的产品形态，以适应不同企业的融资需求。根据供应链中企业的不同位置和不同需求，供应链金融可以衍生出多种融资产品和服务，包括但不限于应收账款融资、存货质押融资、采购订单融资和动产质押融资等。应收账款融资主要针对供应商，通过将应收账款转让给金融机构获得融资，为供应商提供及时的现金流支持；存货质押融资则是企业将其库存商品作为质押品，向金融机构借贷；采购订单融资则提供采购环节的资金支持，帮助小微企业减轻大额订单带来的资金压力；动产质押融资则是针对企业持有的动产进行质押，以此获得融资。这些多样化的产品形态，可以满足不同企业在运营过程中的各类资金需求，从而在确保资金流转的同时，促进了供应链整体的稳定与发展。

供应链金融还表现出显著的风险分散特点。通过与供应链上多主体的紧密合作与信息共享，银行和其他金融机构能够更全面地评估供应链整体的信用状况和运营风险。风险分散在实践中体现为对单一企业的风险评估不仅包括企业自身的财务状况，更结合其在供应链中的位置和整体链条的信用水平。通过这种方式，金融机构能够在较低风险下提供融资服务，不仅降低了中小微企业的贷款难度，也减少了金融机构的风险敞口。尤其是在供应链金融网络中，核心企业的良好信用起到了重要的担保作用，当中小微企业自身信用不足时，核心企业的信用可以作为担保替代品，使融资过程更加顺利。

供应链金融在促进供应链合作与发展的过程中，起到了显著的推动作用。它通过资金的高效流动和风险的优化分散，提高了供应链各主体之间的合作意愿及协同效应。在全球化和信息化的推动下，供应链之间的竞争不仅是个体企业的竞争，更是供应链整体的竞争。通过供应链金融的介入，各方企业能够更加紧密地协同合作，共同应对市场变化和挑战，提升整个供应链的竞争力。尤其对于资金链紧张的中小微企业而言，供应链金融有效解决了其资金融通问题，使其能够专注于业务投入和市场拓展，从而促进了企业和整个供应链的可持续发展。

三、供应链金融的发展历程

供应链金融作为一个新兴的金融模式，其发展历程充满了创新与变革。供应链金融的出现与发展是市场需求推动、技术进步以及金融创新共同作用的结果。随着全球经济一体化的深入，以及国际贸易的频繁，供应链金融从理论探讨逐渐走向实践应用，成为企业特别是小微企业摆脱融资困境的重要手段。

供应链金融的萌芽可以追溯到20世纪80年代。当时，随着全球经济迅猛发展，贸易壁垒减少，国际贸易量大幅增长，伴随而来的却是交易流程复杂化，尤其在供应链上下游涉及资金流转的问题日益显现。传统银行业在面对这些问题时显得力不从心，因为银行的风险评估和授信体系更适用于大企业，而不具备灵活处理中小微企业融资需求的能力。基于这一背景，一些金融机构开始探索如何更好地服务于供应链上的中小微企业，供应链金融由此产生。

20世纪90年代，供应链金融开始逐渐形成体系。在此期间，部分金融机构创新性地将应收账款、存货等融入供应链金融的模型中，并通过保理、融资租赁等方式为企业提供资金支持。这些尝试不仅有助于企业特别是中小微企业解决短期资金周转问题，还有效降低了整个供应链的金融风险。与此同时，随着信息技术的迅猛发展和电子商务平台的广泛应用，各种金融信息手段得以在供应链中应用，这为供应链金融的加速发展提供了坚实的技术基础。

2000年以后，全球经济的发展进入新的阶段，信息技术尤其是互联网技术进一步革新，供应链金融步入了快速发展的轨道。特别值得一提的是，互联网金融的兴起和发展为供应链金融模式增添了新的活力。传统的供应链金融模式借助互联网技术，大幅提高了信息的透明度和传递效率，为金融机构与企业之间架起了快捷的信息桥梁，降低了信息不对称带来的融资风险。同时，在线支付系统、电子发票、区块链等技术的应用，为实现供应链金融的实时、透明、高效提供了技术保障。以区块链为例，其去中心化、不可篡改的特点，可以有效解决供应链金融中信息不对称导致的信任问题，进而提升供应链金融服务的质量。

在全球化和信息化的双重推动下，供应链金融在服务内容和模式上不断丰富。以阿里巴巴、腾讯等为代表的互联网巨头，率先利用互联网技术和大数据分析，为中小微企业提供供应链金融服务。这些企业凭借其庞大的电商平台和海量的交易数据，能够精准地评估企业的业务状况和信用风险，从而为其提供更加灵活和高效的金融服务。与此同时，供应链金融逐渐从企业内部扩展到整个产业链条，从单一的金融产品扩展到包括保理、应收账款融资、存货融资、订单融资等多种金融服务，极大地丰富了供应链金融的内容和形式。

伴随着经济全球化的深入和金融市场的开放，供应链金融的国际化程度也在不断提高。跨国公司对全球供应链的高度整合，使供应链金融成为管理全球供应链和优化资本配置的重要工具。国际供应链金融市场呈现出蓬勃发展的态势，特别是在欧美日等发达经济体，供应链金融已经成为企业融资和金融服务的重要组成部分。例如，欧盟通过建立统一的供应链金融平台，增强了中小微企业的融资能力和国际竞争力。美国的供应链金融则更加复杂和多样化，包括通过资本市场的各种金融工具，实现企业在供应链上的资金流转和优化。

近年来，国内供应链金融也得到了快速发展，尤其在共建"一带一路"倡议的推动下，中国企业在全球供应链中的地位不断提升，并逐步走向全球供应链的核心。在国家政策的大力支持下，各地方政府和金融机构相继出台一系列优惠政策和创新产品，鼓励和引导中小企业利用供应链金融工具进行融资。国内的大型企业集团也逐渐意识到，借助供应链金融不仅可以优化自身的资金管理，还能增强供应链上下游企业的黏性、提升整体竞争力。

从供应链金融的发展历史可以看出，其发展过程呈现出从萌芽到探索，再到快速成长的规律。伴随着经济环境、技术进步和政策支持的不断变化，供应链金融的服务模式和内涵也不断演变和创新。未来，随着信息技术的进一步发展、大数据和人工智能的广泛应用，供应链金融将展示出更加广阔的发展前景，为解决中小微企业融资难题提供更加多样化和高效的解决方案。同时，供应链金融作为一个跨行业、跨领域的综合性金融服务模式，将在推动经济增长、优化产业结构、提升企业竞争力等方面发挥更加重要的作用。

第二节　供应链金融与传统融资比较

一、供应链金融与传统融资的区别

供应链金融与传统融资在本质上有显著的区别，这些区别主要表现在融资模式、风险控制、信息透明度、资金使用效率、融资成本等多个方面。对这些方面进行深入分析，有助于了解供应链金融如何有效解决传统融资模式下存在的问题，从而为小微企业的融资提供更好的支持。

传统融资模式主要是指依赖于金融机构，如银行等提供的信贷服务。在这种模式下，银行对借款人的信用评估基础主要依赖于财务报表、历史信用记录以及担保物等信息。这种方式对于资质较好、财务报表透明的大中型企业来说是可以满足融资需求的。然而，对于小微企业，特别是那些没有充足抵押物、财务信息不够透明的企业来说，传统金融机构往往难以提供足够的融资支持。这是因为小微企业的经营风险相对较高，财务结构不稳定，银行难以通过传统的方法充分评估其信用状况，导致小微企业融资困难，并且融资成本较高。

而供应链金融则是从整个供应链的角度出发，通过核心企业的信用和供应链上下游各环节的真实交易背景来进行风险评估和信用贷款。这种模式将供应链中的资金流、物流和信息流紧密结合，使金融机构能够更准确地掌握企业的实际经营状况，从而做出更加科学、合理的信贷决策。供应链金融常见的模式包括应收账款融资、存货融资和预付款融资等。应收账款融资是指中小企业利用其在供应链中与核心企业之间的应收账款向金融机构进行质押融资；存货融资是指企业将其库存商品质押给金融机构进行融资；而预付款融资则是企业基于其未来的销售订单进行融资。

在风险控制方面，传统融资主要依赖于借款人的还款能力和担保物的价值。然而，小微企业的信用信息不完全、财务状况不稳定，使得金融机构难以控制其信用风险。因此，传统融资的风控措施往往导致小微企业融资难度大、成本高。供应链金融则通过对供应链的整体运作情况及核心企业的信用进行风险控制，风险识别和控制能力较为准确且有效。通过对交易背景、物流信息和资金流的信息综合分析，可以更高效地识别和控制风险。

信息透明度也是两者的重要区别之一。传统融资模式中，由于金融机构与企业之间的信息不对称，企业往往需要花费大量的时间和精力来提供各种证明材料和担保，这不仅增加了企业的负担，也使融资的时间和成本大幅增加。而供应链金融通过接入供应链各个环节的信息，利用大数据和信息技术手段，实现了信息透明和共享。借助核心企业的信息，金融机构可以更加全面和准确地掌握中小微企业的经营情况，从而可以更加快速和低成本地完成信用评估和贷款审批。这种信息透明度的优势，极大地提高了融资的效率和资金使用效率。

从资金使用效率来看，传统融资信息不对称以及风险控制的缺陷，往往导致资金无法精准投放到最需要的企业或项目上，造成资源浪费。供应链金融基于供应链的整体视角，通过优化资金流动路径，精准地为供应链中的各个节点企业提供资金支持，能够有效提升资金使用效率。由于供应链中的各个企业往往存在资金周转需求差异，金融机构的科学调配，能够实现在供应链整体上的资金流动优化。

融资成本方面，传统融资由于风险评估和控制成本高、信息获取成本高，加上需要较高的担保物，使融资成本较高。相较之下，供应链金融利用供应链的整体信息，既降低了风险识别和控制成本，又减少了对担保物的依赖，从而能够为中小微企业提供成本更低的融资服务。特别是通过应收账款融资、存货融资等方式，将企业的流动资产转化为融资资源，有效降低了融资成本。

二、供应链金融对传统融资的补充

在传统融资模式中，小微企业常常面临因信用能力不足、抵押物有限、信息不对称等问题而难以获得所需资金的困境。供应链金融作为一种创新的金融服务模式，通过嵌入企业的上下游供应链条，将核心企业的信用优势传导至小微企业，从而有效解决了小微企业的融资难题。

供应链金融在改善小微企业融资环境方面的特点非常突出。它利用了供应链中核心企业的信用，替代了小微企业自身信用资质的不足。在传统融资模式中，银行等金融机构倾向于评估企业的历史财务表现、抵押资产等情况，对于大多数只有轻资产的小微企业来说，常常无法满足严格的信贷审批条件。然而，在供应链金融中，银行可以通过核心企业的信誉进行信用评估，从而摆脱对小微企业信用资质的依赖。这不仅缩短了审核周期，还显著提高了融资成功率。

供应链金融有效地减少了信息不对称问题。在供应链金融中，融资行为以及资金流动的对象被限定在供应链的上下游企业之间，这些企业彼此间具有稳定而密切的商业往来，并且对彼此的经营状况、供需动态较为清楚。通过基于供应链交易数据的分析，金融机构能够更精准地掌握小微企业的实际经营情况和风险状况，从而更有针对性地提供资金支持。这种透明的信息环境极大程度上降低了风险，在传统融资中显得尤为困扰的信息不对称问题在供应链金融中得到了解决。

资金使用效率也是一个不容忽视的方面。在供应链金融模式下，小微企业通常是通过应收账款融资、仓单融资或预付款融资的方法获得资金。这些方式均是基于企业的实际业务需求，用于解决短期资金流动问题，直接支持企业的经营活动，具有较高的资金使用效率。传统融资方式则多为中长期贷款，资金用途较少受到实际业务需求的制约，存在资金拥有方滥用、不合理利用的可能性，从而降低资金使用效率。

供应链金融对传统融资的补充作用还体现在融资成本上。在供应链金融中，由于核心企业的介入和背书，使金融机构对于整体供应链的信贷风险有了更全面的把握和更充足的信心。这样一来，风险溢价相对降低，从而有效地降低了融资成本。相比之下，传统融资中，缺乏针对中小微企业足够的信用数据和风险评估手段，金融机构往往会设置较高的风险溢价，导致中小微企业融资成本居高不下。因此，供应链金融不仅扩展了中小微企业的融资渠道，也有助于其以更低的成本获得急需的流动资金。

在信用传递的机制下，供应链金融还提升了市场的流动性。通过应收账款的证券化和融资性保理等金融工具，将流动资金注入较长的供应链条中，加快了上下游企业的资金周转速度，从整体上提高了供应链的运营效率和市场的整体运作效率，形成了一个良性循环。这种流动性提升是传统融资所难以实现的，因此潜移默化中也减轻了小微企业的财务压力，使服务于这些企业的金融环境更加健康和可持续。

供应链金融还通过多样化的融资渠道和工具，为小微企业提供更为灵活和个性化的金融服务。比如，金融机构可以根据供应链上不同节点企业的具体需求，提供应收账款融资、订单融资、存货融资等多种产品。这些产品设计的多样化和灵活性，不仅解决了小微企业资金紧缺的问题，还为其提供了更加符合实际业务需求的融资方式。在传统融资中，往往缺乏这样针对性的产品设计，企业必须根据银行的产品条款进行适配，灵活性相对较低。

与传统融资相比，供应链金融还具有更强的可持续发展优势。金融机构不仅是简单的资金提供者，更是供应链金融生态系统中的一部分。通过对供应链各个环节的深入参与和了解，金融机构可以持续获得有关市场变化、企业动态、风险趋势等方面的数据和信息。这提升了银行等金融机构的风控能力，使其能够长期、稳定地支持小微企业的发展，并且在经济变化和市场波动中依然保持稳健的支持力度。这种稳健性和可持续性，是传统融资模式难以匹敌的。

三、案例分析：供应链金融和传统融资

在供应链金融与传统融资的比较中，通过实际案例的分析，我们能够更加深刻地理解二者在缓解小微企业融资约束方面的差异与优劣。供应链金融作为一种创新的金融服务模式，通过对核心企业的信用、业务流、信息流、资金流等数据的整合和分析，能够有效解决小微企业在传统融资中常见的缺乏抵押、信用不足等问题。以下通过具体案例来分析供应链金融和传统融资在实际操作中的表现和效果。

某家生产电子零件的小微企业A公司，近年来订单逐步增加，但由于生产规模有限，资金周转问题一直限制着公司发展。在传统融资模式下，A公司多次向银行申请贷款。银行在审核过程中，重点考量了A公司的财务状况、资产抵押情况以及企业信用等级。A公司缺乏足够的固定资产可供抵押，主观信用评级也因其小微企业身份受限，导致银行对其放贷意愿较低。即便银行批准了部分贷款，贷款利率也相对较高、审核过程时间长、资金到位周期较慢，进一步制约了A公司的生产和扩张需求。

面对这样的资金困境，A公司转向了供应链金融寻求解决方案。A公司依附于一家大型电子产品制造商B公司，B公司是其核心客户。B公司与某家金融机构合作，通过基于核心企业信用的供应链金融产品，为A公司提供融资服务。在这种模式下，银行并不单纯依赖于A公司的资产和信用，而是通过核心企业B公司的信用进行担保，再结合A公司与B公司之间的稳定业务关系进行综合评估。这

使得A公司无须提供大量抵押品，也能以较低的利率快速获得贷款，解决了其资金紧张的问题。

供应链金融的实施不仅简化了融资流程，还大大缩短了A公司获取资金的时间。相比之下，传统融资模式下A公司需要历经烦琐的申请和审核过程，不确定性较大；而供应链金融则使资金能够更加灵活和快速地进入企业运营，增强了企业现金流的稳定性。

不仅如此，凭借供应链金融提供的便利，A公司能够更好地与供应商协同合作，提升了其在供应链上的话语权和竞争力。通过这种融资方式，A公司实现了生产规模的迅速扩张，订单交付能力得到了提升，企业信用评级和市场评价也得到了改善。同时，在B公司的严密审核和信用保证下，金融机构降低了融资风险，双方实现了合作共赢。

另一个案例涉及某食品行业的小微企业C公司。该公司主营产品为生鲜食品，在市场上具有一定的知名度，但由于生鲜产品保质期短、市场需求波动大，C公司在资金周转方面常常面临挑战。C公司过去曾尝试通过传统银行贷款解决资金问题，但由于其行业属性，银行对其业务风险评估较高，贷款审批困难、资金成本较高，且资金到账的周期与公司需求的紧迫性不匹配，资金流动性不足，影响了公司的日常经营。

在转向供应链金融后，C公司依托一家大型连锁超市D公司展开融资合作。以D公司的信用和采购合同作为背书，C公司在金融机构获得了供应链金融服务。这种合作模式不仅提高了C公司获得贷款的成功率，还显著降低了贷款利率，使公司能够以较低的成本获得更多资金，解决了资金流动性问题。同时，由于核心企业D公司参与了信用担保与风险管理，金融机构的风险控制得到了保障。

通过供应链金融，C公司显著提高了自身的市场反应速度，不再因缺乏流动资金而错失市场机会。每当市场需求增加时，C公司都能够迅速调动资金，确保原材料的采购和生产，这不仅提高了客户满意度，还提升了其市场竞争力。与传统融资模式相比，C公司通过供应链金融显著缩短了资金获取的时间，提高了资金利用效率，实现了企业的可持续发展。

与传统融资模式相比，供应链金融通过利用核心企业的信用，结合供应链上下游关系，使小微企业能够更便捷、高效地获得融资支持。通过案例分析可以看出，供应链金融在降低融资成本、提升资金流动性、加快资金获取速度、减少抵押需求等方面具有明显优势。这些优势使小微企业能够更灵活地应对市场变化，提高其在市场中的竞争力和生存能力。同时，供应链金融也体现了合作共赢的特点，通过核心企业带动上下游企业共同发展，提升了整个产业链的信用水平和市场运作效率。

从实践角度，供应链金融的成功实施离不开多方合作，包括核心企业、金融机构和小微企业的协调配合。核心企业在供应链金融模式中的作用尤为重要，其信用状况、业务流程的透明度、与上下游企业的合作关系等，直接影响到供应链金融的效率和效果。金融机构在设计供应链金融产品时，也需要充分考虑行业特性、市场需求以及风险控制等因素，确保金融服务能够真正为小微企业提供帮助。

总的来看，通过具体案例分析，供应链金融在缓解小微企业融资约束方面展示了其独特的优势和广阔的应用前景。与传统融资模式相比，它不仅提供了更便捷、高效的融资渠道，还提高了小微企业的市场应变能力和竞争力，促进了产业链的整体协调发展。在未来的发展中，供应链金融将继续在推动经济结构优化和中小微企业发展中发挥重要作用。

第三节　供应链金融风险及其管理

一、供应链金融面临的主要风险

供应链金融近年来逐渐成为解决小微企业融资难题的重要手段，但其在发展过程中面临的风险也是不容忽视的。详细了解供应链金融所面对的主要风险，对于有效管理和控制这些风险，从而促进供应链金融的健康发展至关重要。供应链金融主要面临以下几类风险。

信用风险是在供应链金融中最为常见且最为重要的风险。这一风险主要源于供应链上各参与方的信用状况不佳或恶化，导致资金融出方无法按期回收资金。对于小微企业而言，其信用风险尤为突出，因为小微企业普遍缺乏足够的信用记录和信用评级，且经营规模小，抗风险能力差。一旦小微企业资金周转出现问题，便极有可能导致整个供应链的资金链断裂。除此之外，核心企业的信用状况也对整个供应链金融系统的信用风险具有重要影响，由于供应链金融通常依赖于核心企业的领导作用，核心企业的违约或经营问题也会直接传导至整个供应链金融体系。

操作风险指的是由内部程序、人员或系统的错误而造成的损失。在供应链金融中，操作风险可能源于多个方面。银行或其他金融机构在开展供应链金融业务时，可能存在内部操作流程不规范、审批流程复杂且缺乏透明度等问题，容易导致风险积累。再者，小微企业在操作过程中，可能因为经验不足、内部管理松散或技术手段落后等，出现操作失误，使融资交易出现问题。此外，技术系统的不完善或出现故障，也可能导致操作环节上出现风险，影响供应链金融的正常运转。

法律和合规风险也是供应链金融面临的重要风险之一。这种风险主要源于金融法规和政策的变化、业务活动中法律风险的存在，甚至是国际贸易中的法律差异性。在供应链金融业务中，涉及各方签订的合同与协议，这些法律文件在起草、执行过程中，若不严谨或不充分，极易引发法律纠纷，这不仅会影响业务的正常推进，还可能给金融机构或核心企业带来巨大的法律诉讼成本和声誉风险。同时，金融行业的监管环境时时在变，法律和政策的快速变化也可能给供应链金融业务的合规性带来新的挑战，如对贷款行为、新兴金融工具或技术手段等的监管要求的调整，这都需要供应链金融机构保持高度关注和及时应对，以防止合规风险的积聚。

市场风险在供应链金融中同样不可忽视。市场风险包括宏观经济环境的变化、市场利率的波动、汇率的波动以及商品价格的波动等。在供应链金融中，市场风险可能通过影响整个供应链的流动性和稳定性而间接影响到金融交易。例如，在经济环境疲软、企业经营环境恶化时，小微企业可能面临需求下降、库存增加，从而影响到还款能力，这无疑会增加融资失败的风险。此外，金融市场上利率和汇率等参数的波动，可能导致融资成本的上升和外汇风险的增加，使供应链金融的参与者处于不利的财务位置，甚至可能造成财务危机。

信息风险也是供应链金融中不可回避的风险之一。这主要源于信息的不对称和信息传递的滞后或失真。在供应链金融中，银行和其他金融机构往往依赖核心企业或者平台提供的小微企业的信用信息和交易信息进行决策。然而，如果这些信息在传递过程中出现失真、不准确或者是存在隐瞒的情况，就会大大提高金融机构在进行融资决策时的风险。此外，供应链金融还面临信息技术发展带来的数据泄露、信息安全等风险，一旦信息系统遭到攻击或数据被泄露，就会造成重大财务损失和声誉损失。

运营风险是指由于系统或外部事件引起的损失，用以描述供应链金融中的物流、资金流、信息流的效率问题。运营风险不仅指银行或金融机构内部在业务操作中存在的风险，还包括供应链上各个环节的运作效率和风险。例如，物流环节中货物的丢失或延误、资金流环节中的欺诈行为、信息流环节中的数据传输不及时或出现错误等，这些都可能造成供应链金融的运营风险。因此，提升供应链各环节的系统化和安全性，加强对物流、资金流和信息流的监控和管理，对于降低运营风险具有重要意义。

声誉风险则是指由供应链金融交易过程中的任何一方出现问题或不当行为，损害了参与方及供应链金融系统整体的声誉，进而影响到整个业务链的稳定性和可持续性。声誉风险对于金融机构、核心企业以及小微企业都是切身相关的风险。一方面，如果供应链金融中的合作伙伴出现诚信问题，如提供虚假信息、信守合同款项不及时等，都会对其在市场上的声誉产生负面影响，从而影响到未来的合作机会和融资能力。另一方面，金融机构在服务小微企业过程中，如果出现服务疏漏、管理失当等问题，也会影响其在客户心中的形象，甚至可能导致市场份额的流失和投资者信心的下降。

二、风险管理工具与方法

在供应链金融活动中，由于涉及多方参与，包括供应商、核心企业、资金提供方和中介机构等，风险的复杂性和多样性进一步加剧。因此，风险管理工具和方法的选择与应用显得尤为关键。系统化和科学化的风险管理工具与方法，可以最大限度地降低供应链金融中的各种风险，确保整个供应链金融活动的顺利进行。

供应链金融风险管理的主要工具之一是风险识别工具。这些工具的主要作用是帮助企业识别可能会影响供应链金融活动的各类风险，包括市场风险、信用风险、操作风险、法律风险等。通常，风险识别可以通过专家评估、问卷调查、头脑风暴、情景分析等方法进行。这种初步的风险识别非常重要，因为只有充分了解存在哪些风险，才能采取相应的措施进行管理和控制。

在风险识别之后，风险评估工具被广泛应用。风险评估工具的目的是通过定量或定性的方式，对识别出的风险进行分析和评价，以确定其可能造成的影响和发生的概率。常用的风险评估方法包括风控评分模型、统计分析和蒙特卡罗模拟等。风控评分模型可以根据已知的风险因素给出一个综合评分，帮助企业评估其所面临的风险程度。统计分析则可以利用历史数据，进行预测和分析，识别出可能发生的高风险事件。蒙特卡罗模拟通过大量模拟实验，提供对风险的全面理解和深度分析。

风险控制与缓释是供应链金融风险管理的核心环节。风险控制工具旨在通过一定的手段和方法，将风险的发生概率降到最低。例如，通过构建强大的信息系统和制定严格的内部控制流程，防止操作风险的发生。而风险缓释工具则是通过转移或者对冲风险，尽量减少风险带来的损失。常见的风险缓释工具有保险、担保和资产证券化等。保险作为一种经典的风险管理工具，能够在事前预防和事后补偿两个方面发挥作用。担保措施通常包括核心企业的信用担保、第三方机构的担保等。资产证券化是将供应链金融资产打包形成证券进行交易，以降低单个资产的风险和分散风险。

风险监控和预警也是不可忽视的风险管理环节。即使在采取了多种风险控制和缓释手段后，仍需对各种可能潜在的风险进行持续监控，以便及时发现和应对风险。风险监控工具可以利用大数据分析、实时监控系统等技术手段，对供应链金融中的各个环节进行连续和动态的监测，确保在风险出现的第一时间采取应对措施。预警系统也是风险管理的重要组成部分，通过对风险指标进行逐步和连续的监测，一旦超过预设的安全阈值，系统就会自动发出警报，以便相关人员及时采取措施。

信息技术在供应链金融风险管理中的作用不可忽视。随着大数据、区块链、人工智能等新兴技术的发展和应用，供应链金融风险管理工具和方法获得了进一步的优化和提升。大数据分析可以帮助企业在海量数据中快速识别和解析风险；区块链技术由于其去中心化和不可篡改的特性，可以有效降低交易过程中信息的不对称和数据篡改风险，从而提高交易的透明度和可靠性；人工智能技术则可以通过自学习和智能分析，提供更加智能化、自动化的风控解决方案。这些现代技术的应用，使风险管理更加精确、及时和有效。

员工培训和文化建设也是风险管理中不可或缺的一部分。再先进的工具和技术，离开了人都是无法独立运行的。在供应链金融活动中，人的因素依然是不可忽视的潜在风险。因此，通过定期的风险管理培训，以及组织内部良好的风险管理文化建设，可以提高员工的风险意识和处理能力，从而在整体上提升供应链金融风险管理的水平。

定期审查与评估也是确保供应链金融风险管理工具和方法有效性的关键环节。在复杂多变的市场环境中，风险的形态和影响因素也在不断变化。定期对已经实施的风险管理工具和方法进行审查和评估，识别其中的不足和改进空间，及时调整优化风险管理策略，可以使企业在应对供应链金融风险时更加从容和有效。

三、风险控制案例分析

供应链金融涉及多方参与，包括核心企业、小微企业、金融机构以及中介服务商等，风险的分布和传导具有高度的复杂性和多样性。对于小微企业而言，尤其需要通过有效的风险控制方法来确保融资的安全性和可持续性。以下我们将通过具体案例分析，探讨供应链金融风险的类型与控制方法，并从中获得有益的启发。

以某知名汽车零部件供应商与其下游小微企业的合作为例，这家核心企业一方面为了提高自身的供应链效率，另一方面为了带动下游小微企业的发展，开始与金融机构合作，推出了一套信贷融资方案。这套方案的设计主要是利用核心企业对供应链各环节的控制力，通过核心企业对下游企业的信用进行评估与担保，从而使小微企业能够更容易获得贷款。这个过程看似完美，但实际上存在诸多风险隐患。

核心企业的信用评估机制有时可能不够严谨，特别是在快速扩张和市场压力下，某些下游小微企业的经营状况未必如表面那么乐观。如果缺乏深入的调查和数据支持，就很容易产生判断失误，进而可能导致信贷风险的累积。例如，该汽车零部件供应商在一次急需扩张生产线的情况下，快速审核通过了一批新的合作厂商，未能及时察觉到其中三家企业的资金周转已经出现问题。于是，这些小微企业在获得融资后因经营困境未能偿还贷款，给金融机构带来了巨大损失，也对核心企业的信誉造成了不良影响。为了有效控制这种风险，可以从以下几方面进行改进。

其一，加强信用评估机制的科学性与连续性，建立一个全面且动态的信用评价体系，包括对企业基本面、财务健康状况、生产效能、市场前景等多维度的数据进行综合分析。金融机构和核心企业应共同开发大数据分析工具，通过积累大量的业务数据，提高信用评估的准确性。同时，建立早期预警系统，及时发现并处理潜在的风险。

其二，明确贷款的用途与管控资金流的使用。该企业如果能专款专用于特定的采购或生产环节，比如通过绑定贷款金额与特定采购订单或生产项目，资金的使用效率将大大提高，相应的风险也会减少。针对这一点，可以参考零售巨头沃尔玛的做法，沃尔玛通过详细的供应链条管理和信息共享平台，确保每一笔款项都得到有效且透明的使用。

其三，引入保险机制以防范不可预见的风险。例如，通过购买贸易信用保险，如果小微企业出现违约情况，保险公司可以承担部分或全部损失。这虽然增加了部分运营成本，但是从长期来看能够显著提升整个供应链金融项目的稳定性。体现出这一点的保险案例有很多，比如某著名制造企业通过贸易信用保险，不仅自己规避了资金链中的风险，还极大提升了下游零售商的合作意愿和信心。

另一个非常典型的风险控制案例，涉及供应链金融平台的角色。某知名供应链金融平台通过网络系统为核心企业和小微企业搭建融资桥梁，它采用了多层次、全方位的风险控制措施，取得了显著的成效。该平台通过对大数据的深入学习，建立了一整套完善的风控体系。它不仅严格筛查各企业的信用，还持续监控其资金流动和经营状况，从而确保信贷流程中的每一个环节都有据可查，有迹可循。

平台还采取了多样化的保障措施。比如，通过采用区块链技术，确保每一笔交易的真实性和可追溯性，保证数据的安全与透明。在实践中，该平台某次在处理某家纺织品生产企业的贷款申请时，通过区块链技术，发现了贷款申请所涉及的一批采购订单存在数据造假问题。该发现不仅及时避免了潜在的巨大损失，还进一步完善了风控措施，提升了信用管理的技术含量和精确度。

除了技术保障外，加强沟通与合作也是风险控制的重要手段。特别是在涉及跨境贸易的供应链金融中，金融机构、企业与跨境物流服务商、海关等需要保持密切互动，形成信息共享和协同管理机制。这样不仅可以更准确地掌握各项交易和物流数据，也有利于风险预警和及时应对。

有效的法律支持和合规管理同样是供应链金融风险控制的关键要素。金融机构在推出相关产品和服务时，应确保所有合同和协议均符合法律规定，并充分保护各方利益。比如在实行保理业务时，需明确规定在客户违约时的追偿流程和处置机制。这对于维护金融市场的秩序和稳定至关重要。一个国外案例显示，一家处理国际贸易融资的银行通过明确合规管理和法律支持，在面对多起跨境贸易纠纷时，迅速获得了法律保护，减少损失并维护了声誉。

结合以上实例和具体措施，不难看出，供应链金融的风险控制需要依靠科学的制度设计、先进的技术手段、密切的各方协作以及完善的法律保障。通过深入分析具体案例，我们不仅能够掌握当前风险控制存在的问题和挑战，更能从中总结出行之有效的管理经验，为今后开展供应链金融业务提供可靠的参考和基础。

第四节　供应链金融的重要性

一、供应链金融对小微企业的重要性

对于小微企业来说，融资难问题一直是其发展的主要瓶颈。传统金融体系由于风险偏好、信息不对称等问题，对小微企业的融资需求往往难以满足。面对这一现状，供应链金融通过整合供应链各环节信息，利用供应链核心企业的信誉和资源，为小微企业提供了更为便捷、高效的融资渠道。

供应链金融的一个重要特征是利用供应链上核心企业的信用来降低融资风险。供应链金融通常涉及的核心企业往往具有较高的信誉和稳定的现金流，这使金融机构能够通过核心企业对整个供应链的影响力来评估小微企业的信用风险。相比于独立地评估单个小微企业的财务状况，通过供应链金融将小微企业的信用与核心企业挂钩，大大降低了金融机构的风险管理成本和不确定性。在实际操作中，金融机构可以通过应收账款融资、预付款融资、库存融资等多种方式为小微企业提供资金，解决其短期的流动资金需求。

信息透明和信息共享是供应链金融的另一个重要特性。在传统融资过程中，金融机构往往缺乏对小微企业的全面了解，从而导致信息不对称和信贷风险的增加。然而，在供应链金融模式下，供应链各环节的信息更加透明和共享，金融机构通过核心企业可以较为全面地掌握上游供应商和下游经销商的经营状况、资金流、物流等重要数据。这种信息的透明化不仅降低了金融机构的风险评估难度，也增强了信息的准确性和时效性，有助于对小微企业做出更加直观和科学的融资决策。

资金的高效利用和循环是供应链金融的另一个重要优势。在传统金融体系中，资金从投入到回收到再利用的周期较长，而供应链金融在很大程度上缩短了这一周期。通过供应链金融，资金在供应链各环节之间可以实现高效的循环利用，减少了资金的闲置和沉淀。例如，通过赊账或延期付款的方式，小微企业可以更灵活地管理其资金流，使每一笔资金都能在最需要的时候发挥最大的效用。这种高效的资金利用机制不仅提高了企业的资金周转效率，也增强了其市场竞争力。

风险分担和共担机制也是供应链金融对小微企业的重要贡献。在传统融资模式下，小微企业往往独自承担全部的信贷风险，这极大地增加了其融资成本和经营压力。然而，供应链金融通过建立风险分担机制，使得供应链上的各参与方共同参与到风险管理中，从而降低单个企业的风险暴露。例如，通过供应链保险、信用担保等方式，供应链上的核心企业、保险公司和金融机构共享风险，减轻小微企业的负担。这一机制不仅提高了小微企业的融资可能性，也促进了整个供应链的稳定和持续发展。

供应链金融的数字化和智能化发展也为小微企业带来了新的机遇。近年来，随着金融科技的发展，基于大数据、区块链、人工智能等技术的供应链金融模式应运而生。这些创新技术不仅提高了供应链金融的透明度和安全性，也使融资流程更加简便和高效。通过区块链技术，供应链上的每一笔交易都可以记录在案，确保信息的真实性和不可篡改性；通过大数据分析，金融机构可以更精确地评估企业的信用风险和经营状况；通过人工智能，金融服务的提供更加个性化和智能化。这些技术的发展不仅提高了小微企业的融资效率，也大大降低了其融资成本，使更多的小微企业能够获得及时和充足的资金支持。

供应链金融在提升小微企业融资能力的同时，也推动了其信用体系的建设。小微企业在参与供应链金融过程中，通过与核心企业、金融机构等的合作，逐渐建立起自己的信用记录和信用评价体系。这种信用体系的建设不仅有助于企业在未来的融资过程中获得更高的信用评分，也提高了其在市场中的信誉和竞争力。长期来看，这一信用体系的完善将有助于形成一个良性循环，进一步推动小微企业的成长和发展。

二、供应链金融在经济中的作用

供应链金融独特的资金流动和信用传递机制，不仅有效缓解了小微企业的融资困境，而且对整个经济体系的稳定和发展具有深远影响。供应链金融通过优化供应链上下游企业的资金流动，实现了金融资源的有效配置，推动了实体经济的健康发展。

首先，供应链金融在经济中的作用表现在它能有效地盘活企业间的应收账款、存货及预付款等流动资产。这对于小微企业而言尤为重要。传统金融机构对小微企业的信贷支持有限，原因在于小微企业普遍面临信用评级低、缺乏抵押物等问题。在这种情况下，供应链金融通过将供应链上的核心企业的信用传递给小微企业，使得小微企业能够更容易地获得银行或其他金融机构的融资支持。银行在评估风险时，不再仅仅依赖于小微企业的信用状况，而是转向评估整个供应链的稳定性及核心企业的信用，通过应收账款的质押或保理业务，小微企业可以快速获得流动资金，解除了资金链的压力，进而保障了供应链的稳定运行。

其次，供应链金融的一个重要作用是提高了供应链的透明度和协作效率。在传统的供应链模式中，各企业之间信息不对称现象严重，导致交易成本高、风险大且效率低。供应链金融依托于现代信息技术和互联网平台，通过区块链、物联网、大数据等技术手段，实现了供应链上各节点的信息共享和数据透明，各参与方能够实时掌握供应链的动态，及时应对各种突发情况。这种透明度的提高，极大地降低了信息不对称所带来的风险、提升了供应链的整体协作效率。企业间的信任感增加，同时银行和金融机构也能更准确地进行风险管理和信贷评估，提高了融资的效率和质量。

再次，从宏观经济角度看，供应链金融在促进实体经济发展、维护金融稳定以及推动经济结构转型升级等方面也发挥了重要作用。供应链金融通过支持小微企业发展，促进了就业和社会稳定。小微企业是经济发展的重要组成部分，具有数量众多、分布广泛、吸纳就业能力强等特点。供应链金融的推广，使这些企业能够获得更加便捷和低成本的融资支持，增强了经营活力和市场竞争力，带动了区域经济的发展和就业机会的增加。同时，供应链金融还能有效地引导金融资源流向实体经济，规避资金脱实向虚的现象，确保金融资源的实效运用，避免过度金融化可能带来的系统性风险。

最后，供应链金融也对优化产业链结构和提升产业链竞争力具有显著作用。通过在供应链条上提供资金支持，促进上下游企业的资金流动和资源整合，供应链金融推动了产业链的协同发展，助力企业在技术研发、产品创新、市场拓展等方面加大投入，提升了整个产业链的竞争力。特别是在全球经济一体化和产业链条跨区域分布的背景下，供应链金融通过跨境金融服务，帮助企业打破区域壁垒、扩大国际市场、增强国际竞争力。

供应链金融通过与科技的深度融合，实现了金融产品和服务的创新，推动了金融科技的发展。随着大数据、人工智能、区块链等技术的应用，供应链金融的模式和产品不断创新。基于数据分析和人工智能的风险评估模型，可以更加精准地评估企业的信用风险，提高融资决策的科学性和效率。此外，金融科技还使供应链金融的服务更加多样化和便捷化，为企业提供量身定制的融资方案和服务，满足其个性化需求。

三、供应链金融的发展前景

供应链金融是指通过对供应链各环节的交易背景信息和物流信息进行全面掌握，在确保交易安全的前提下，为供应链上各节点企业提供综合金融服务的金融模式。其发展前景不仅关乎着中小微企业融资难题的解决，也关系到整个经济生态环境的优化与提升。这种金融模式的未来发展潜力巨大，并且在多个层面展示出强大的生命力。

首先，供应链金融的发展前景体现在其对中小微企业融资困境的缓解作用上。传统金融体系下，中小微企业由于缺乏足够的抵押物和信用记录，很难从银行等金融机构获得贷款。供应链金融则利用供应链上下游企业的业务联系和贸易数据，进行风险评估和信用评审，从而能够为这些企业提供更为灵活和便捷的资金支持。通过引入核心企业的信用，供应链金融可以有效降低中小微企业的融资成本，提升其业务流动性和稳健性。这种融资模式不仅提升了中小微企业的生存和发展能力，也通过促进中小微企业的创新和进步，间接推动了整体经济的发展。

其次，供应链金融的前景表现在金融科技的发展上。随着大数据、云计算、区块链等金融科技的不断发展，供应链金融也在不断迭代和进步。这些技术极大地提升了供应链金融的效率和安全性。例如，大数据技术可以使金融机构更为全面、及时地掌握供应链企业的动态信息，从而进行精准的风险评估和信贷支持。区块链技术则可以保证供应链各环节的信息透明和不可篡改，进一步降低了金融交易中的信用风险和欺诈风险。未来，随着金融科技的进一步普及和应用，供应链金融将会变得更加智能化、数字化和高效化，这无疑为其发展前景增添了浓重的一笔。

再次，供应链金融的发展前景体现在其对提升整个供应链效率的潜力上。通过优化资金流、信息流、物流管理，供应链金融能够显著提升供应链的整体运作效率。在传统的供应链管理中，各企业的资金流转情况往往是分散的，不同企业之间的信息流也存在障碍，这就导致了供应链整体运作效率低下。而供应链金融通过将资金和信息有效整合，不仅可以有效解决各企业的资金需求问题，还能够提供更为准确的供应链动态数据，提高供应链运作效率。同时，供应链金融还能够通过优化供应链结构，降低供应链整体运作成本，为企业提升竞争力奠定更坚实的基础。

从次，在全球化经济日益深入的背景下，供应链金融还展示了其广阔的国际化发展前景。随着国际贸易的深入，跨境供应链已经成为一种普遍现象。然而，跨境供应链的金融服务却面临着更多的挑战，这为供应链金融的发展提供了更多的机遇。供应链金融解决方案可以针对跨境贸易中的复杂性和不确定性，提供定制化的金融服务，帮助企业在不同国家和地区间高效运作。此外，由于供应链金融能够整合全球范围内的资源，为包括中小微企业在内的供应链各节点企业提供广泛的融资渠道，这无疑将进一步促进全球经济的互联互通和共同发展。

最后，政策环境的支持也是供应链金融未来发展的重要推动力。各国政府日益重视中小微企业的发展，出台了一系列旨在支持供应链金融发展的政策和法规。政策的支持为供应链金融的发展提供了有力的保障，并鼓励更多的金融机构和企业参与其中。随着各国政府在推动供应链金融发展方面的努力不断加大，未来供应链金融将迎来更为广阔的发展空间和更多的发展机遇。

第二章 小微企业融资现状及约束

第一节 小微企业的定义与融资现状

一、小微企业的定义标准与分类

小微企业（Micro and Small Enterprises，MSEs）是小型企业和微型企业的统称，它们一般规模较小，但在数量上占据了绝大多数。小微企业因其市场灵活度高、创新能力强、面向本地市场、就业吸纳能力大等特点，成为推动经济增长和维持社会稳定的重要力量。那么，小微企业该如何定义及分类呢？

在全球范围内，不同国家和地区依据各自的经济发展程度、市场结构和政策导向，对小微企业有不同的定义标准。一般来说，定义小微企业的标准常见于企业的员工人数、营业收入、资产总额等方面。以中国为例，《中小企业划型标准规定》是根据企业从业人员、营业收入、资产总额等指标，通过不同行业的标准，来划分小型企业、微型企业与其他规模企业。在建筑、交通运输、批发和零售、住宿和餐饮等不同行业，小微企业的定义标准有所差异。工业类的微型企业标准是从业人员20人以下，或营业收入300万元以下；而建筑业的小型企业标准则是营业收入3000万元以下。

在分类方面，小微企业可以根据行业、增长阶段、地域特点等进行细分。

根据行业来分类，小微企业可以分为制造业小微企业、服务业小微企业、农业小微企业、科技型小微企业等不同类型。不同类别的小微企业在资源配置、技术水平、市场需求等方面具有显著区别。制造业小微企业通常以生产制造为主，涉及原材料采购、工艺制造、产品销售等环节，技术设备及管理水平对其生存与发展尤为重要；而服务业小微企业，则多聚集在生活服务、商业服务、信息服务等领域，市场灵活性较高，受客户需求变化的影响较大。

按增长阶段来分类，可以把小微企业划分为初创期、成长期、成熟期和衰退期。处于初创期的小微企业往往面临较大的市场不确定性和资金短缺问题，此时它们的业务模式尚未完全成型，需要较多的外部支持；成长期的小微企业已经在市场中站稳脚跟，业务迅速扩展，此时需要较多的工商融资和技术投入；成熟期的小微企业稳定性较高，主要任务是巩固市场地位和提高管理效率；处于衰退期的小微企业则面临业务收缩的困境，可能需要进行结构调整或转型。

地域特点也是小微企业分类的重要依据。由于不同地区的经济环境、政策支持力度及市场需求各不相同，小微企业在地域上的分布和发展状况差异显著。例如，在经济发达的沿海地区，小微企业积极参与国际竞争和高新技术产业，市场机制较为健全，政策支持力度大；而在内陆及偏远地区，由于市场资源和信息不对称，政策支持不完善，小微企业普遍存在发展缓慢的问题。

总体来看，小微企业的定义标准与分类涉及多维度、多层面的划分。不同的定义标准如从业人员、营业收入、资产总额，配合行业特点进行细化，可以明确各类小微企业的分布状况。而根据增长阶段划分小微企业，有助于分析和了解它们在不同发展时期的需求与面临的挑战。而地域特点则凸显了小微企业在不同经济环境中的差异，这些分类方法共同构建了小微企业的多彩版图。

二、小微企业融资现状分布

小微企业不仅创造了大量的就业机会，还推动了技术创新和地方经济的发展。然而，尽管小微企业在经济活动中占据着举足轻重的位置，却常常面临融资困境。对小微企业融资现状进行详细梳理，可以从融资渠道、融资成本、融资难度等多方面入手，从而全面展示这一领域的现状和分布情况。

融资渠道多样化是小微企业在现代经济环境下的一大特点，但这些融资渠道的可得性和易用性仍存在诸多问题。传统的融资渠道主要包括银行贷款、商业信用和民间借贷等。然而，由于小微企业通常缺乏稳定的现金流和足够的抵押品，银行对其放贷往往持谨慎态度。这使小微企业在获得银行贷款时面临审批难、额度低和周期长等难题。此外，商业信用也成为许多小微企业的融资选择，通过上下游企业的信用支持，小微企业能够在一定程度上缓解资金压力，但商业信用依赖的是企业间的信任和合作关系，其融资额度和期限较短，难以满足长期的资金需求。此外，民间借贷虽然能够迅速获取资金，但其融资成本高，且存在较高的信用风险，这无疑加剧了小微企业的财务负担。

从融资成本方面来看，小微企业融资难的另一个主要原因是融资成本过高，企业无法承受。银行贷款的利率虽在合理范围内，但其严格的审批流程和对抵押品的高要求，极大地限制了小微企业的融资渠道。相较于大型企业，小微企业在获得贷款时往往需要支付更高的利息，甚至还需要支付额外的担保和评估费用。对于那些资金需求较急的小微企业来说，民间借贷虽然能够提供快速的资金支持，但其高利率也使企业支付的融资成本更加高昂。此外，小微企业在寻求外部股权融资时，也常常面对估值不高、谈判成本高等问题，这些都直接或间接地抬升了小微企业的融资成本。

小微企业的融资难度不仅体现在融资渠道和融资成本上，还体现在外部环境和内部管理上。从外部环境来看，金融体系的不完善、政策的不稳定以及市场信息不对称等因素，都加剧了小微企业的融资困难。金融机构通常对小微企业的信用风险评估较为保守，为了保护自身利益，它们往往趋向于选择更为稳健的放贷对象。此外，即使政府出台了一些支持小微企业的金融政策，这些政策的实施和推广也常常面临滞后性和盲区，无法真正惠及所有的小微企业。

而从内部管理来看，小微企业普遍存在管理效率低下、财务信息不透明、缺乏专业金融知识等问题。这一类企业往往在财务管理上不够规范、账目不清晰，使金融机构在进行评估时难以获得准确的信息。同时，企业主普遍缺乏对金融工具的了解，对资本市场的运作模式不够熟悉，导致其在融资过程中处于被动地位，无法灵活运用多样化的融资手段。企业的战略规划和创新能力也影响着其融资能力，缺乏清晰发展规划和竞争力的小微企业，更难以获得长线资金支持。

地域分布也是影响小微企业融资状况的重要因素。在经济发达地区，小微企业融资渠道相对多样，金融服务较为完善，企业间的合作与信用体系也比较健全，融资相对容易。相比之下，在经济欠发达地区，小微企业的融资环境则更为严峻，这些地区的金融机构数量少、服务水平低，市场信息的传播速度也慢，导致当地的小微企业在融资时面临更大的困境。此外，区域政策的差异也会对小微企业的融资状况产生直接影响，部分地方政府因财政紧张，对小微企业的扶持力度有限，这使企业在面临资金紧缺时，难以获得政府和金融机构的有效支持。

小微企业在不同生命周期阶段的融资需要和难度也是一个值得关注的方面。初创期的小微企业通常面临高风险、高成长潜力的状况，在这一阶段，企业尚未形成稳定的收入来源，信用记录也尚未建立，银行贷款几乎无法触及，而风险投资和天使投资则成为主要的融资手段。然而，初创期的小微企业在面对投资机构时，常常由于缺乏足够竞争力的商业模式和团队，无法获得投资者的青睐。成长期的小微企业则由于业务的逐步稳定和市场的拓展，资金需求急剧增加。此时，企业需要更为稳定和大额的资金来源，以支撑其业务扩张和市场占有率的提高，但融资渠道仍显有限，资本市场和银行贷款对成长期企业的支持力度仍无法满足其快速发展的需求。成熟期的小微企业虽然已经具备了一定的市场地位和信用记录，在融资渠道和数量上有所改善，但其也面临着资金周转、应对市场不确定性的挑战，需要不断优化融资结构，以确保企业的可持续发展。

三、小微企业融资难点与机会

小微企业是创新和就业的重要来源。然而，融资难一直是其发展的瓶颈之一。小微企业融资难点主要集中在以下几个方面。

（1）小微企业的融资渠道有限。由于自身规模较小、轻资产化、信用等级较低、缺乏足够的抵押品等问题，小微企业很难从传统金融机构获得贷款。银行等金融机构通常倾向于选择风险较低的中大型企业作为贷款对象，而对小微企业的贷款需求则较为谨慎，这导致小微企业的融资途径变得非常狭窄。而即使能够从金融机构取得一定贷款，金额也往往无法满足其实际需求。

（2）信息不对称是小微企业融资本质上的一个重大难题。金融机构和小微企业之间的信息不对称，导致银行难以准确评估小微企业的经营状况和信用风险。小微企业由于缺乏完善的信息披露机制，难以全面透明地展现其经营数据和财务状况，从而增加了金融机构评估难度和成本。此外，由于小微企业往往处于快速成长和变化的阶段，即便其自身具备一定的信用和还款能力，也难以被银行准确识别。

（3）融资成本高是小微企业在金融市场中的另一重大障碍。由于小微企业融资需求的频率和金额较高、单笔金额较小，加之缺乏标准化的企业财务资料以及企业管理水平参差不齐，金融机构对小微企业贷款业务的开发和管理成本相对较高。为了弥补风险成本，银行在为小微企业提供融资时，利率往往较高，从而增加了小微企业的融资成本。同时，银行普遍对小微企业有着较为严格的贷款条件和抵押担保要求，这也进一步增加了小微企业的融资难度和成本。

（4）小微企业的融资周期长且手续烦琐。银行及其他金融机构在进行信贷评估时往往要求提供大量的财务报表、经营计划等资料，并且需要较长时间进行审查和评估。这对经营灵活、资金周转期短的小微企业来说，无疑是一个巨大的挑战，资金供需的时效性问题变得尤为突出。很多小微企业在等待资金到位的过程中，而错失市场机遇，甚至导致企业经营困难。

（5）法律制度和政策环境的不完善也制约了小微企业融资。尽管近年来国家层面不断加大对小微企业的金融支持力度，出台了多项政策措施，但实际执行过程中仍存在一定的政策落地难题。一些地方政府的政策支持未能完全落实，导致小微企业享受优惠政策的力度和广度不足。此外，金融监管方面的一些规定，也未能完全适应小微企业的特点，使金融机构在为其提供服务时面临诸多制度性障碍。

尽管小微企业在融资过程中面临着上述种种难题，但随着金融市场的不断发展，新的融资机会也在不断涌现。科技金融的发展，尤其是大数据和区块链技术的应用，为解决信息不对称问题提供了新思路。利用这些技术手段，金融机构可以更好地收集和分析小微企业的经营数据和信用信息，从而降低信息不对称带来的风险，提高贷款审批效率。此外，通过建立互联网金融服务平台，金融机构可以更加便捷地将资金供给方和需求方对接，使小微企业能够通过网络渠道快速获得所需资金。

供应链金融也是解决小微企业融资难题的重要途径之一。将核心企业、上游供应商和下游经销商联系在一起，形成一个互信互助的融资生态体系，使小微企业能够依托核心企业的信用，获得更多的融资机会。在这种模式下，小微企业的融资风险得以分散、融资成本得以降低，同时也加强了企业之间的合作与协作。

政府和金融机构应积极推动金融创新，通过发行小微企业专项债券，建立小贷公司、互联网银行、金融担保基金等多种形式，为小微企业提供更多的融资渠道。通过优化贷款流程，降低贷款门槛，提高审批效率，切实帮助小微企业解决融资难题。此外，还应进一步完善法律法规和政策环境，支持小微企业的健康发展。加强对小微企业的金融教育，提高其财务管理水平和信用意识，从而增强其融资能力和市场竞争力。

扶持小微企业的发展，除了金融手段，还需要其他多方面的配合。首先，完善信用评价体系，推动信用信息共享，使金融机构能够更加全面准确地了解小微企业的信用状况。其次，提高金融服务覆盖面，加大对小微企业的金融支持力度，推动普惠金融的发展。最后，还应积极推动公共服务平台建设，通过政府和社会力量共同为小微企业提供财务咨询、融资指导等各类支持服务，从而增强其融资能力和市场竞争力。

四、融资现状的影响因素统计分析

小微企业作为经济发展的重要组成部分，其融资现状直接关系到其存续和发展。然而，融资难问题一直是小微企业面临的主要挑战，背后有着多方面的影响因素。

企业自身因素对融资现状起着关键作用。小微企业由于规模较小，资产规模和抵押物有限，财务结构往往不甚健全，抗风险能力较弱。这对其获取外部融资构成了天然的障碍，因为金融机构通常对资产质量和风险控制具有较高要求。

此外，小微企业财务信息的透明度和规范性不高，财务报表的可信度较低，使金融机构在评估其还款能力时面临较大困难。企业的信用历史和记录也成为重要因素，缺乏良好的信用记录可能使企业在申请贷款时被拒绝或者付出更高的融资成本。

在市场因素方面，小微企业面临的融资瓶颈也来源于金融市场的不完善和信息不对称问题。金融市场的供求关系直接影响融资的可获得性和成本。在一些发展较快、金融市场较为成熟的地区，小微企业可能更容易获得融资机会；而在欠发达地区，金融市场不完善，金融产品和服务品种较少，融资渠道有限，成本较高。这种区域差异也导致小微企业在获取资金时面临不同的挑战。

金融机构的信贷政策和风险偏好对小微企业融资也有显著影响。银行和其他金融机构为了追求利润最大化和风险控制，倾向于将信贷资源集中于大型企业或风险较低的项目。而小微企业由于其特有的经营模式和高风险特征，往往难以符合金融机构的信贷标准。此外，现有的风险评估体系和标准化的信贷产品设计并不完全适合小微企业特定的融资需求，导致金融机构在服务小微企业时缺乏有效的风险管理工具和手段。同时，金融机构在面对小微企业贷款申请时，审核流程复杂、审批时间长，这些程序性障碍也增加了小微企业获得融资的难度。

政策环境对小微企业融资现状的影响也不容忽视。政府的金融政策、税收政策、补贴政策等在很大程度上影响着小微企业的融资环境和成本。政策支持的力度和措施的落实情况会直接影响小微企业的融资可获得性。尽管政府通过一系列政策措施，如设立专项资金、财政贴息、税收优惠等手段，旨在缓解小微企业的融资困境，但在实际执行过程中仍存在政策落实不到位、信息不对称、政策效果不明显等问题，使政策无法充分惠及目标企业。

社会资本的参与和发展也是影响小微企业融资现状的重要因素之一。随着互联网金融和金融科技的发展，众筹、P2P借贷等新型融资模式逐渐兴起，为小微企业提供了更多的融资选择。这些新兴的融资渠道能够弥补传统金融机构的不足，通过更加灵活和创新的方式来满足小微企业的融资需求。然而，新兴融资模式在初期发展阶段也面临着监管不完善、风险控制不足等问题，随着市场的发展和政策的完善，其对小微企业融资的贡献有望进一步提升。

企业的行业特征和市场竞争环境也对其融资状况具有重要影响。某些行业由于技术含量高、市场需求稳定、盈利能力强，银行和其他金融机构更愿意为这些行业的企业提供融资支持。而在一些市场不稳定、竞争激烈、低附加值行业，企业的融资难度相对较大。此外，企业所处的产业链位置和上下游关系也对其融资能力有间接影响。处于产业链核心位置的企业往往具有较强的市场话语权和议价能力，融资相对容易；而产业链末端的企业则面临较大的融资困难。

宏观经济环境的变化也对小微企业融资状况产生深远影响。在经济增速放缓、市场需求不足、行业景气度下降时，小微企业面临的融资压力明显增大。宏观经济的不确定性使金融机构在信贷投放上更加谨慎，风险偏好降低，小微企业面临贷款额度减少、期限缩短、利率上升等多重不利影响。同时，经济波动也增加了小微企业的经营风险，进一步加剧了其融资困境。

第二节　小微企业融资约束的原因

一、内部因素与融资困难

小微企业在融资过程中面临的困难是众多内部因素导致的，这些内部因素包括但不限于以下几方面：企业财务管理能力、企业信用记录、经营模式和风险控制能力、企业的行政与人力资源管理水平等。

就企业的财务管理能力而言，小微企业普遍存在财务管理不规范、财务数据不透明等问题。这种情况使融资机构难以准确评估企业的财务状况和偿债能力。很多小微企业没有专职的财务人员，账务处理不规范甚至不真实，财务报表难以反映企业的真实经营情况。由于缺乏系统的财务管理，很多小微企业无法提供详细、完整的财务报表和经营数据，使银行等金融机构难以对其进行信用评估和风险判断，这大大增加了融资的难度。

企业信用记录也是融资困难的重要因素之一。小微企业的早期发展阶段，普遍存在信用记录不足或不良信用记录的问题。很多小微企业在经营初期缺乏融资经验，容易出现逾期还款、违约等情况，进而形成不良信用记录。这种不良信用记录一旦在征信系统中留存，将严重影响企业未来的融资能力。即使企业后来经营状况好转，曾经的不良信用记录仍然可能成为金融机构拒绝放贷的理由。信用记录的积累需要时间，而小微企业在成立之初往往缺乏与金融机构的长期合作记录，这也导致了信用评估的难度增大，融资更加艰难。

小微企业的经营模式和风险控制能力也是影响其融资能力的重要内部因素。小微企业大多处于初创期或成长初期，业务模式尚未成熟，市场风险、经营风险较高，生命周期较短且不稳定。很多小微企业在业务拓展方面未能有效控制风险，因而容易遭遇市场冲击或经营波动。这些不确定性增加了金融机构对小微企业放贷时的慎重考虑。金融机构通常会对贷款项目进行详细的风险评估，而小微企业缺乏稳定的经营模式和有效的风险控制手段，金融机构难以看好其长期偿债能力，进而导致融资受阻。

小微企业的行政与人力资源管理水平也影响其融资能力。很多小微企业规模小、管理结构简单，存在管理效率低下、缺乏专业管理团队等问题。企业内部管理混乱，不仅影响企业的正常运营，还可能导致财务状况的恶化。有效的人力资源管理对于企业的持续发展和创新能力至关重要，但很多小微企业在这方面投入不足，缺乏专业人才，导致企业内部运营效率低，难以长久保持竞争力。管理水平低下也容易带来各种内部矛盾，如员工流动性高、管理层次不清晰、决策效率低等，这些问题都会影响企业的资本运营状况，从而增加融资困难。

还有一些小微企业在战略规划和创新能力方面存在不足，这也影响了其融资能力。小微企业如果缺乏清晰的战略规划，盲目扩张或投资不当，容易导致资金链断裂、经营陷入困境。战略规划的不确定性，使金融机构难以准确判断企业的未来发展前景，从而对放贷持保留态度。此外，创新能力的不足也是小微企业面临的普遍问题，很多小微企业依赖传统业务模式，缺乏创新能力，使市场竞争力和盈利能力不足。金融机构在评估企业融资需求时，通常会关注企业的创新能力和未来增长潜力，如果企业在这方面表现平平，那么融资的机会也会相对减少。

　　企业内部的制度建设同样不可忽视。很多小微企业在制度建设方面存在缺陷，如公司治理结构不完善、缺乏规范的内部控制机制等。这些问题可能导致企业在运营过程中出现决策失误、内控不到位等情况，增加经营风险。金融机构在对企业进行风险评估时，会关注企业的内部控制体系和公司治理结构，如果发现企业在这些方面存在明显不足，往往会认为企业风险较高，从而减少或拒绝提供融资支持。

二、外部环境影响

　　外部环境对小微企业的融资约束有着深远且复杂的影响，这种影响可以从多个维度进行分析。

　　金融市场的成熟度和发达程度是一个重要的外部因素。在那些成熟度高、金融工具丰富的市场中，小微企业往往能够获得更多的融资渠道，如债券市场、股权融资以及各类金融衍生工具。然而，在欠发达或发展中的金融市场，小微企业的融资渠道相对单一，往往只能依赖银行贷款，这就加剧了其融资困境。

　　宏观经济政策也是外部环境影响的重要组成部分。政府的货币政策、财政政策和产业政策直接影响到市场的资金供给和需求。例如，当政府采取紧缩的货币政策时，市场上的资金供给会减少，银行信贷额度可能会被压缩，这种情况下，小微企业获得贷款的难度就会增加。反之，当政府采取宽松的货币政策时，资金供给增多，银行的信贷政策也会相应放宽，小微企业的融资环境也会变得更加宽松。此外，财政政策例如税收优惠、补贴政策等，对小微企业的直接支持可以缓解其融资压力；产业政策的导向则决定了银行和其他金融机构对某些行业的扶持力度，这对特定行业的小微企业来说也是一种间接的融资保障。

　　法律和监管环境同样在制约或支持小微企业融资上发挥了至关重要的作用。在一个法律制度健全、监管措施透明公正的环境中，小微企业的产权保护、合同执行以及法律维权等方面都会有较好的保障，这为其顺利融资提供了一定的法律屏障。此外，监管机构对金融市场的监管措施也直接影响到金融机构的贷款政策。如果监管机构对贷款发放过程中的信息披露要求较严格，金融机构在审查贷款申请时就会更加谨慎，小微企业的信用评估过程可能会更加复杂，这无疑增加了其融资的难度。但如果监管环境宽松、审贷流程相对简化，小微企业的融资就会变得更加容易。

社会信用体系的不完善是另一个显著的外部影响因素。在信用体系不完善的环境中，小微企业很难建立起自己的信用记录，金融机构对此类企业的信用评价缺乏历史数据支持，因而不愿意承担较高的信用风险。这种信用信息的欠缺加剧了信息不对称问题，使小微企业在获得贷款时被要求提供更高的担保或支付更高的利息，进一步增加了其融资成本和难度。而在信息对称度较高的社会中，完善的信用记录能大幅降低金融机构对小微企业信用风险的顾虑，从而提高融资成功率。

市场竞争环境对小微企业的融资约束也有重要影响。在过度竞争的市场中，小微企业面临的市场压力巨大，利润空间狭窄，自身积累资金乏力，更加依赖外部融资。而在市场调控得当、竞争适度的情况下，小微企业可以通过合理的市场定位和策略获取稳定的利润来源，增强了自我融资能力和抗风险能力。

文化和社会环境亦是影响小微企业融资约束的不可忽视因素。在一些文化传统中，风险规避型的行为非常普遍，金融机构和投资者对小微企业这种高风险、高回报的投资持保守态度，不愿意进行风险投资。这种文化氛围导致小微企业难以获得风险资本的支持，融资渠道进一步受限。此外，社会环境中的信任关系和社群网络对小微企业的融资也能产生积极或消极的影响。在信任度高、社群网络密集的环境中，小微企业更容易通过私人关系或社交网络获得贷款或投资，反之，则会遭遇更多融资困境。

技术环境的变化同样会影响小微企业的融资状况。在信息技术和金融科技不断发展的今天，传统的融资模式正在被革新，互联网金融、区块链技术和大数据分析等新型技术为小微企业提供了更多的融资选择。然而，技术环境的变化也要求小微企业具备一定的技术接受能力和实施能力，技术环境的不确定性可能对其融资带来新的风险和挑战。

国际环境的影响在全球经济一体化的背景下越发显著。国际金融市场的稳定性、国际资本流动、汇率波动以及国际贸易政策的变化，都可能对小微企业的融资环境产生连锁反应。全球金融危机等突发事件往往会导致资金回流发达国家，使发展中国家的小微企业面临资金短缺问题。

三、企业信用与融资成本

企业信用与融资成本的关系在小微企业融资约束过程中扮演了至关重要的角色。小微企业自身规模有限、经营状况不稳定、财务信息不透明等特点，导致银行和其他金融机构在审慎放贷的过程中往往更加关注其信用状况。因此，企业信用的高低直接决定了小微企业能否获得融资以及融资成本的高低。

企业信用是对企业过去行为的一种评价体系，主要包括企业的信用记录、财务状况、经营历史、偿债能力等多方面的信息。对于小微企业来说，良好的信用记录是他们取得融资的第一步。信用好的企业在申请贷款时，容易被认定为信用风险较低，使金融机构在提供信贷服务时更加放心，进而给予较低的融资利率。而信用不佳的企业则面临着融资困难、贷款利率高、贷款额度小、审批时间长等一系列不利条件，甚至可能被拒之门外。

信用信息的透明度和完整性对融资成本的影响尤为显著。金融机构在评估一个企业的信用时，往往需要借助从第三方获取的信用报告、企业财务报表、经营数据等信息。这些信息的完整性和真实度直接影响着贷款风险的评估结果。对于信息透明且信用记录良好的企业，金融机构能够较为准确地预测其违约风险，从而降低信息不对称所带来的不确定性，减少贷款的隐性成本和必要的风险补偿，使得企业最终获得较低的融资成本。但是，小微企业财务制度不健全、信息披露不规范等问题，常常导致信用信息不完整，增加了金融机构获取真实信息的难度。信息不对称加大了金融机构的审慎成本和风险溢价，迫使其提高贷款利率以弥补潜在损失，这无疑增加了小微企业的融资成本。

企业的信用不仅取决于其自身的经营状况，还与行业信用环境密切相关。若一个行业内普遍存在着诚信缺失、违约频发等现象，则行业内的企业普遍会面临较高的融资成本。这是因为金融机构在评估行业风险时，会对行业整体的信用状况进行考量，一旦发现行业风险较高，就会普遍提高信贷利率或缩减信贷额度。而若行业信用环境良好，则银行等金融机构在审查具体企业时相对容易放松要求。这种环境压力迫使小微企业不仅要关注自身的信用建设，还需要推动所在行业的信用体系建设。

为了解决信用信息不对称问题，提升融资效率，一些国家和地区已经开始建设企业信用评级机制和信用信息共享平台。这些措施可以有效提高信息透明度，缓解金融机构对小微企业的信用疑虑，从而降低融资成本。企业信用评级机制通过综合分析企业的多项信用因素，给出了客观的信用评分，既帮助企业了解了自身的信用状况，也为金融机构提供了决策参考。而信用信息共享平台通过整合多方数据源，建立了全面的企业信用信息数据库，方便金融机构快速获取企业的信用信息，有效缩短信贷审批时间，降低审慎成本。

企业自身的信用管理也对其融资成本有着重要影响。通过建立健全的信用管理制度，企业可以加强自身信用状况的管理和维护。具体措施可以包括完善的财务管理体系、及时准确的财务报告、积极履行合同义务、按时偿还贷款、维护与金融机构的良好关系等。这些措施不仅可以提升企业的信用评分，还可以逐步赢得金融机构的信任，获得更优惠的融资条件。

四、信息不对称问题

信息不对称是小微企业融资困难的主要原因之一，作为一种普遍存在于经济活动中的现象，信息不对称在金融领域尤其显著。小微企业在与金融机构互动时，往往因信息不对称而难以获得所需的融资，这不仅影响了企业的日常运营和发展，也进一步加剧了社会资源的配置不均。信息不对称问题主要体现在以下几个方面。

小微企业与金融机构之间存在的信息不对称源于信息的真实性和全面性缺乏保障。小微企业的财务报表和经营状况数据往往不够完整，甚至存在失真的可能。由于小微企业通常缺乏完备的财务管理制度和专业的财务人员，导致其提供的信息往往不具备足够的透明度和可信度。银行和其他金融机构难以通过这些信息来准确评估企业的财务健康状况和未来盈利能力，从而提高了信贷风险。

信息不对称还表现为信息获取的渠道不平等。大部分小微企业的信息披露意愿和能力都比较有限，这不仅是因为其内部管理水平较低，更是因为其缺乏有效的外部沟通渠道。相较于大型企业，小微企业较少使用或依赖专业的第三方机构进行审计和评估，加之其企业规模不大和知名度不高，导致其在信息公开和透明度上存在明显不足。金融机构在缺少有效信息的情况下，往往会采取保守的态度，降低贷款额度或者直接拒绝贷款申请。

风险控制是金融机构经营的核心，信息的不对称使其难以准确评估小微企业的风险程度。在缺乏有效信息的情况下，金融机构通常通过提高利率、增加抵押担保要求等方式来防范潜在风险。然而，小微企业普遍面临融资成本高和担保能力不足的问题，过高的利率和过严的抵押担保要求，使其融资更加困难，形成恶性循环。这不仅增大了金融机构的运营成本，也进一步加大了小微企业的融资难度。

在信息不对称的背景下，逆向选择和道德风险是两个典型的表现。逆向选择发生在信息不对称导致金融机构无法准确识别优质借款人和风险较高的借款人时。由于小微企业的信息披露不充分，金融机构可能会误将低风险企业视为高风险，从而剔除优质客户，同时吸引并未被银行排除的高风险客户，结果使金融机构的整体贷款质量下降。道德风险则指的是在资金一旦到位后，借款人由于信息优势，可能进行高风险的投资行为或将资金挪用，而金融机构难以及时察觉和控制这种行为，进一步增大了贷款的风险。

小微企业由于缺乏稳定的收入和强大的抵押物，其能提供的信用保障较弱。相对于大企业，小微企业的信用记录和信誉度积累时间较短，难以建立较强的信用体系。金融机构由于无法信任小微企业的信用信息，只能依靠抵押或担保对贷款进行风险控制，而这是小微企业最为稀缺的资源。这一问题进一步加剧了信息不对称带来的融资困境。

为应对信息不对称问题，金融机构和政策制定者可以考虑构建更加透明和有效的信息共享平台。通过构建大数据平台和信息共享机制，有助于提高小微企业信息的透明度和可信度。金融机构可以通过大数据分析和人工智能等技术手段，辅助风险评估和信用评级，从而降低信息获取的成本和难度，提高贷款审批的效率和准确性。此外，政府应进一步完善相关法律法规，促使小微企业加强财务管理和信息披露，提高其信息的真实度和完整性。

为了解决信息不对称导致的融资难题，小微企业自身也需要积极提升自身的信息管理能力和透明度。建立完善的财务管理制度，规范财务报表和经营状况的记录与披露，同时与专业的第三方机构合作进行定期审计和评估，增加企业的可信度。此外，小微企业还应学会利用互联网和社交媒体，积极进行信息披露和企业形象建设，提升自身的市场知名度和信用度。

第三节　现有融资模式的局限性

一、传统银行信贷模式

在许多人眼中，传统银行信贷模式是小微企业获取融资的主要渠道。然而，这一模式存在许多固有的局限性，使小微企业在融资过程中往往面临重重困难。

传统银行信贷模式依赖于严格的信用评估程序。这些程序通常包括详细的财务报表、资产负债表和现金流量表的审查，以及企业主的个人信用记录的查阅。小微企业往往缺乏完善的财务管理体系，无法提供完整、准确的财务报表。这种信息不对称使银行难以全面评估小微企业的信用风险，从而不愿意向其提供信贷。

虽然银行可以通过调整信用标准和贷款条件来降低部分融资门槛，但是传统银行信贷模式依然要求企业提供足够的抵押品。对于小微企业而言，其抵押品往往有限，多数情况下仅有自有产权的房地产或者少量的设备和库存。这些有限的抵押品在银行看来价值不高，无法充分保障贷款安全。因此，银行在考虑贷款审批时往往会更加谨慎，进一步增加了小微企业的融资难度。

传统银行信贷模式的贷款审批流程冗长且复杂。银行在进行贷款审批时，需要经过多个部门和层级的审核，包括风险管理部门、信贷审查委员会等，整个流程往往需要数周甚至数月。对于小微企业而言，融资需求往往是紧迫且短期的，无法等待如此漫长的审批时间。因此，传统银行信贷模式的烦琐流程与小微企业的快速融资需求之间存在显著的矛盾。

此模式的贷款利率相对较高。银行在向小微企业提供信贷时，会考虑到其相对较高的违约风险，通常会要求较高的利率以弥补风险和成本。这无疑增加了小微企业的融资成本，尤其是对那些利润率本身就较低的小微企业来说，高利率意味着更大的财务压力。此外，银行在提供信贷服务时，通常会附加各种费用和手续费，如评估费、咨询费、保险费等，这些费用进一步增加了小微企业的融资成本。

尽管传统银行信贷模式在一定程度上可以满足小微企业的部分融资需求，但其服务定位和产品设计并不完全适应小微企业的特点和需求。传统银行的服务对象主要是大型企业和中型企业，其信贷产品设计也多以这些企业的需求为基础。然而，小微企业的经营模式、业务规模、资金需求和还款能力与大型企业存在显著差异。因此，传统银行的信贷产品和服务难以真正贴近小微企业的需求。

银行缺乏对小微企业的深入了解。银行在进行信贷评估时，除了考虑传统的财务指标，还需要对企业的经营环境、市场前景、管理团队等方面进行全面了解。然而，银行受限于时间和成本，往往无法深入了解每一家小微企业的具体情况。这种信息不对称使银行在评估小微企业的信用风险时更加保守，进一步增加了小微企业获得信贷的难度。

传统银行信贷模式缺乏灵活性。小微企业的经营环境瞬息万变，其资金需求也具有较大的波动性和不确定性。然而，传统银行信贷模式通常要求固定的还款计划和利率，无法根据企业的实际情况进行灵活调整。这种刚性安排使小微企业在面临临时性资金短缺或其他财务困难时，难以通过调整贷款条件来缓解财务压力，从而增加了企业的资金链断裂风险。

在信息科技越来越发达的今天，传统银行信贷模式在信息获取和数据分析方面也存在一定的滞后性。银行往往依赖传统的信用评估手段，缺乏对大数据、人工智能等新技术的广泛应用。这使银行在大规模快速评估小微企业信用风险方面存在困难，不能充分利用现代信息技术提供的数据支持和分析能力，错失了许多潜在的优质客户。

小微企业的融资约束不仅体现在资金的获取上，还体现在融资的持续性和稳定性上。传统银行信贷模式由于贷款周期较长、审批严格、缺乏灵活性，使小微企业在获得一次性融资后，难以持续获得长期稳定的资金支持。银行由于自身风险管理的需要，往往在贷款到期后选择不再续贷或重新进行严格的审批过程，这使小微企业面临较大的融资不确定性和经营风险。

在信贷文化方面，传统银行信贷模式依旧坚持以抵押品为核心的风险控制理念。这种重抵押品轻实际经营能力的做法，忽视了小微企业的成长性和创新性，尤其是在当前经济形势下，许多小微企业在新兴产业、科技创新和服务业中展现出强劲的发展潜力，但由于缺乏足够的抵押品，依旧难以从银行获得信贷支持。

传统银行信贷模式在客户服务方面也存在较大的局限性。银行通常采用标准化的服务流程，缺乏针对小微企业的个性化服务。小微企业的经营模式和资金需求具有一定的特殊性，标准化的服务往往无法满足其个性化的需求。例如，有些小微企业在经营初期需要大量流动资金，但传统银行的定期贷款产品无法满足这种灵活的资金需求。银行的服务网点和覆盖范围有限，在一些偏远地区或小微企业集中的地方，银行服务的空白也影响了小微企业的融资便利性。

二、民间借贷与小额贷款

民间借贷与小额贷款在市场经济发展中占据了不可忽视的地位。其作为正规金融渠道的补充，为一部分无法通过传统金融机构获得资金的小微企业提供了资金支持。然而，这两种融资模式在缓解小微企业融资难题方面也存在着诸多局限性，值得我们深入探讨与反思。

民间借贷是一种古老且普遍的融资形式，它基于社会网络、亲友关系和市场化的借贷行为而存在。民间借贷具有灵活、快捷、手续简单等特点，能够在短时间内满足小微企业资金需求。在银行等正规金融机构门槛较高的情况下，民间借贷成了小微企业应急和周转资金的重要来源。然而，民间借贷也存在明显的局限性。首先是借贷的合法性和安全性问题，由于缺乏严格的法律监管和明确的合同保障，借贷双方容易出现纠纷和风险。高利率和不透明的操作方式，使许多小微企业陷入债务陷阱。其次是民间借贷的资金规模通常较小，不足以满足一些小微企业的发展需求。资金来源也不固定、不持久，难以支撑企业的长期资金需求，资金链容易出现断裂，给小微企业的稳定运营带来很大的不确定性。

相比于民间借贷，小额贷款公司作为一种新型金融机构，受到国家政策的鼓励和支持，为小微企业提供了更为规范和安全的融资渠道。小额贷款公司的设立初衷是填补传统银行金融服务的空白，专注于解决小微企业和个体工商户的融资难题。小额贷款的准入门槛相对较低，贷款额度和期限较为灵活，为许多无法从银行获得贷款的小微企业提供了便利。另外，小额贷款公司通常能够较为灵活地根据借款人的实际情况来制订还款计划，缓解了小微企业的还款压力。

然而，小额贷款也存在诸多局限性。一方面，小额贷款公司的资金来源主要依赖于股东出资和银行贷款，其成本较高，这使得小额贷款的利率相对较高，小微企业承担的融资成本相对较大；另一方面，小额贷款公司的风险偏好较低，对于资质较差的小微企业，贷款审批较为严格，许多小微企业依然难以通过这一渠道获得资金。小额贷款公司的规模和覆盖面也有限，尚未能完全满足广大小微企业的资金融通需求。由于市场竞争激烈，小额贷款公司也存在向金融风险倾斜的可能性，部分公司在追求短期利润的同时忽视了风险管控，可能导致小微企业面临新的融资陷阱。

综合来看，民间借贷与小额贷款作为小微企业融资的重要途径，尽管在拓宽融资渠道、解决融资难题方面发挥了一定作用，但其自身的局限性也不可忽视。民间借贷的高风险、高利率和不稳定性，小额贷款的高成本、资金有限和风险控制问题，使这两种模式在实际运作中面临诸多挑战，需要在政策、监管和市场机制上不断完善和改进，才能更好地服务于小微企业的发展。

未来，推动民间借贷和小额贷款模式的优化，需要政府、金融机构和市场多方共同努力。政府应进一步完善相关法律法规，加强对民间借贷市场的监管和引导，打击非法集资和高利贷行为，保障借贷双方合法权益。金融机构应加强产品创新和服务改进，推出更多符合小微企业需求的金融产品，降低融资门槛和成本，提高小微企业的融资可得性。市场机制则需要在规范管理和激励创新的基础上，推动民间借贷和小额贷款公司的健康发展，提升其风险管理能力和服务水平，为小微企业提供更加稳定和高效的金融支持。

三、互联网金融对小微企业的影响

互联网金融作为现代金融服务的一部分，正在以其迅猛的发展速度和广泛的服务形态，对小微企业的融资环境产生深远影响。这种影响不仅表现在融资渠道的多样化，还在完善风险管理、提升融资效率、降低交易成本等多个方面发挥了重要作用。但与此同时，也存在一些局限性，需要具体分析。

针对小微企业融资的痛点，互联网金融提供了诸多既契合需求又简便快捷的解决方案。互联网金融平台通过技术手段集成了大数据、云计算、区块链等新兴技术，从信息不对称、信用不足等传统金融难题入手，提供了更加灵活和便捷的融资服务。比如，通过大数据挖掘技术，互联网金融平台能够迅速、全面地收集并分析小微企业的经营状况、财务数据、信用记录等信息，从而建立起相对准确的信用评价体系。这种全新的信用评价体系能够在很大程度上解决传统金融体系难以评估小微企业信用状况的问题，大幅提升银行和投资机构对小微企业的信贷支持意愿。

互联网金融通过P2P借贷、众筹、供应链金融等创新模式，为小微企业提供了多样化的融资渠道。相对于传统银行贷款，互联网金融平台的资金门槛较低、审核流程简便、放款速度较快。P2P借贷平台让小微企业可以直接从个人投资者处融资，省略了银行等中介机构的批准和审核流程，极大缩短了融资周期。众筹融资同样是一种值得关注的模式，通过互联网平台，小微企业可以向大量较小规模的投资者筹集资金，不仅灵活度高，还能提高企业的市场曝光率和品牌知名度。

互联网金融平台充分利用区块链技术，提升了交易的透明度、可追溯性和安全性。供应链金融领域也因为互联网技术的介入，得到了优化和提升。通过供应链金融平台，小微企业可以将应收账款、存货等流动资产进行质押融资，获得所需的营运资金。这种模式不仅提高了资金流转效率，还使供应链上下游企业之间的合作更加紧密，在很大程度上缓解了小微企业的资金链紧张状况。

虽然互联网金融对小微企业融资带来了诸多积极变化，但也存在一些显著的局限性。首先，尽管互联网金融平台能够快速获取企业的多维信息进行信用评估，但由于涉及的数据来源和数据质量问题，仍然存在信息不准确和数据滞后的风险。这可能会导致信用评估结果失真，进而影响融资决策的合理性。

其次，互联网金融的监管措施仍未健全。随着平台数量和交易规模的迅速增长，市场中的风险事件也不时出现。例如，某些互联网金融平台在经营过程中出现违规操作，甚至发生了欺诈事件。这些问题不仅损害了投资者的信心，也给小微企业的融资带来了负面影响。为了规避这些风险，许多平台采取了更加保守的风控措施，但这在一定程度上也影响了小微企业的融资便利。

互联网金融平台本身的发展同样面临巨大的竞争压力。市场上的平台数量庞大，业务模式同质化严重，加剧了市场竞争。行业内的企业为了吸引客户，不得不通过激进的市场策略，如大幅降低利率、增加营销费用等手段来提高竞争力。在这种竞争环境下，平台的盈利能力受到挤压，潜在的市场风险也随之增加，进而可能导致服务质量下降，对小微企业的融资服务带来负面影响。

对于许多小微企业而言，对互联网金融的认知和接受度仍然不高。各种原因，包括信息闭塞、技术水平有限、对新兴事物的信任不足等因素，小微企业在选择互联网金融平台进行融资时，常常表现出一定的谨慎态度。这种用户不足的现象在一定程度上限制了互联网金融对小微企业融资市场的渗透率。

四、融资租赁与保理模式

融资租赁与保理模式在特定的环境和条件下，能够为小微企业提供一定的融资渠道。然而，这些模式也面临一些明显的局限性，在某些情况下，这些局限性甚至会影响其实际效用和适用性。深入了解和识别这些局限性，有助于更全面和精准地为小微企业提供融资支持。

融资租赁作为一种资产导向的融资方式，通常涉及企业将设备等生产性资产租赁来使用，同时支付租金。融资租赁能够帮助企业在短期内获得生产所需的设备和工具，使企业无须一次性地投入大额资金，改善企业的资金流动性。但是，融资租赁存在若干局限。

首先，租赁成本问题，融资租赁提供商需要承担设备的购置成本并赚取一定利润，因此融资租赁费用往往较高，企业在支付租金时负担不小。对于刚刚起步的小微企业而言，这一资金压力尤其明显，导致部分企业难以长期维持租赁合同。

其次，租赁资产管理问题。融资租赁所涉及的设备通常由租赁公司购买并持有，企业仅仅是使用者。在企业使用过程中，维护、维修和管理设备的责任与义务均需要企业承担，特别是在设备出现故障或需要高额维修费用时，企业的财务压力会陡增。此外，由于资产的所有权不在企业，当企业需要以资产进行融资或抵押时，无法利用这些租赁设备获取进一步的融资支持。同时，设备更新换代较快，当企业需要引入新设备来维持竞争力时，租赁合同可能限制企业的灵活性，造成资源的错配和浪费。

保理模式则是基于企业应收账款进行融资的一种方式。通过将企业的应收账款转让给保理公司，企业能够提前获得部分应收账款的资金，从而改善其现金流状况，解决资金周转的问题。保理模式尤其适用于那些拥有较长账期但账款回收相对有保障的企业。然而，保理模式也有其局限性。

首先，应收账款质量问题。保理公司在进行应收账款转让时，会严格审核账款的质量和可靠性。如果企业的应收账款过于分散、账期过长或客户资信情况不佳，保理公司可能拒绝提供融资。此外，保理融资的金额往往不能覆盖所有应收账款，保理公司通常会根据风险评估结果，保留一定比例的账款作为风险准备金，从而进一步限制了企业能够获得的融资额度。

其次，费用成本问题。保理融资过程中，保理公司会收取一定的服务费用和融资成本。对于企业来说，这部分成本需要从应收账款中扣除，以获取保理融资的实际净收益。这一费用在一定程度上增加了企业的融资成本，减少了企业实际能够获得的资金数额。此外，保理合同的复杂性和条款限制，使部分企业在签订合同时需要耗费精力和时间，特别是对于缺乏相关经验的小微企业来说，可能面临法律风险和合同风险。

在某些情况下，保理公司的运营规范和要求可能不完全符合企业的经营实际。企业为了满足保理公司的要求，可能需要调整内部的财务管理和运营方式，导致额外的管理成本和运营压力。另外，由于保理业务通常涉及企业与其客户的交易信息，一些企业可能出于商业秘密和客户关系维护的考虑，不愿将应收账款进行保理，从而限制了保理模式的适用性。

第四节　供应链金融对小微企业的作用

一、核心企业的信用支持

核心企业的信用支持在缓解小微企业的融资约束问题上具有显著作用。小微企业往往因自身规模、信用资质、财务透明度等问题面临融资困境，核心企业的介入能够极大地提升它们的信用度和融资能力。

核心企业一般指的是供应链上的大型企业或占据重要地位的关键节点企业。这类企业往往具有强大的市场影响力和较高的信用评级，其信用背书为供应链中的小微企业提供了可靠的支持。核心企业的信用支持主要通过两种方式实现：直接信用担保和间接信用支持。

直接信用担保是指核心企业通过为小微企业提供担保，从而允许小微企业在银行或其他金融机构获得贷款。这种方式之所以有效，是因为金融机构往往更相信核心企业的偿债能力和商业信誉，从而愿意基于核心企业的担保对小微企业提供融资。这种安排不仅使小微企业能够获得急需的资金，还降低了金融机构的放贷风险，使整个融资过程变得更加高效和安全。

间接信用支持则是通过核心企业在供应链金融产品中的参与来增强小微企业的信用。例如，在应收账款融资模式中，小微企业将自己的应收账款转让给银行或其他金融机构，核心企业作为应收账款的债务人，其支付能力和信用度实际上为这些应收账款提供了强有力的保障。在这种情况下，银行或金融机构更愿意基于应收账款为小微企业提供融资，因为他们相信核心企业将按时支付这些款项，从而减少了他们的风险敞口。

核心企业的信用支持还可以通过商业票据或供应链融资计划来体现。在商业票据融资中，核心企业发行商业票据，小微企业能够以这些票据作为抵押从金融机构获得资金支持。核心企业的良好信用评级使这些商业票据显得具有高可靠性，金融机构基于票据进行放贷更加放心。此外，供应链融资计划往往设计复杂的结构化金融产品，由核心企业与金融机构合作，通过对供应链整体的优化配置来提供资金支持。这不仅提升了小微企业的融资能力，也提高了整个供应链的运作效率。

在供应链金融体系中，核心企业的信用支持不仅在直接融资方面起到了关键作用，还通过优化供应链中的信息流和资金流，提高了整个供应链的透明度和效率。核心企业通常拥有完善的管理系统和信息平台，可以通过这些平台分享供应链中的重要数据，从而帮助金融机构更加全面和准确地评估小微企业的信用风险。这种信息透明度的提升，使金融机构能够更可靠地进行风险控制，从而愿意提供更多的融资支持。

核心企业在供应链金融中的战略地位使它们能够利用自己的市场影响力和信用资源，促成多方之间的紧密合作。例如，核心企业可以协调上下游企业的合作，促成集群效应，从而降低小微企业在产品生产和流通过程中的成本，为其提供更多的市场机会。在这种合作中，小微企业不仅获得了较稳定的订单和销售渠道，还能够借助核心企业的信用获取更多的融资支持，实现更为平稳的营运资金周转。

核心企业的信用支持还可以通过推进供应链协同发展来帮助小微企业提升竞争力。核心企业通常会积极推动供应链的标准化和现代化，通过建立统一的质量、技术和管理标准，提升整个供应链的效率和品质。这些措施不仅降低了供应链的整体成本，还提升了小微企业的生产效率和产品竞争力，使其在市场竞争中占据更有利的位置。

在供应链金融的生态中，核心企业的信用支持不仅为小微企业提供了重要的资金来源和市场保障，还通过促进供应链整体的稳定和健康发展，创造了一个更加有利的商业环境。小微企业对核心企业的依赖并不是完全的单向关系，反过来，小微企业的成长和稳定运行也能够为核心企业提供更多优质的供应资源和服务，真正实现供应链的合作共赢。

二、供应链金融产品分类

供应链金融被广泛视为一种解决小微企业融资问题的有效手段，其核心在于通过供应链整体的信用和交易流量，释放出链条中各环节的潜在融资能力。为了充分发挥供应链金融在解决小微企业融资难题中的作用，一系列针对不同场景和需求的供应链金融产品应运而生。这些产品大致可以分为应收账款融资、预付款融资和存货融资三个主要类别，每个类别内又衍生出各种具体的产品形式。

应收账款融资是供应链金融中最为常见的一种形式。该模式通过企业的应收账款作为质押或担保，从金融机构获得融资。有几种典型的应收账款融资产品，例如保理、应收账款质押和应收账款证券化。保理业务中，保理商通常是金融机构，它会购买企业的应收账款并为其提供融资、催收、担保等一系列服务。这种方式不仅能使企业快速获得资金，还能转移其应收账款的回收风险。而应收账款质押则是企业将其持有的应收账款质押给金融机构，从而获得贷款。这种融资方式相对简单，但对应收账款的质量要求较高。应收账款证券化是将企业的应收账款打包成证券，通过资本市场进行融资。这一过程虽然复杂度较高，但灵活性强，能够有效盘活企业资产。

预付款融资则是供应链金融中应用广泛的另一种模式，主要包括采购贷款和订单融资两类。采购贷款是指企业为了获取特定物资或设备，与供应商协商，由金融机构提供贷款支持完成采购。金融机构不仅要评估企业的信用风险，还要衡量供应商的信誉及货物的市场价值。订单融资类似于采购贷款，但其依托于企业已获取的订单，即企业在获得大额订单后，由金融机构提供相应的资金支持，用于生产或采购，以确保订单顺利执行。相比之下，订单融资更注重企业的执行能力和订单的稳定性。这两种融资方式都能帮助企业在没有足够资金的情况下及时获取生产资料，从而保证生产经营的连续性。

存货融资是供应链金融产品中的一个重要形式，包括仓单质押和动产质押等具体产品类型。仓单质押是指企业以其在仓库中的存货为质押物，从金融机构获取贷款。企业需要将存货存放在金融机构认可的监管仓库，并由独立的第三方出具仓单作为质押物。此类融资方式的风险相对较低，因为金融机构可以通过仓单进行有效的库存管理和控制。动产质押融资则是将企业的动产，例如原材料、半成品、设备等作为质押物，金融机构根据其市场价值提供贷款支持。这种融资方式对仓储和物流环节的管理要求较高，但能灵活利用企业的动资产进行融资。

除了上述三类主要供应链金融产品，近年来市场上还出现了一些创新型产品，如应付账款融资和众筹供应链金融。应付账款融资是通过企业的应付款进行融资，特别是一些核心企业能够利用其在供应链中的优势地位，将应付款作为信用工具，为其上下游企业提供融资支持。这一模式较为新颖，能为供应链各环节的企业带来更多的资金流动性。众筹供应链金融则是依托互联网金融平台，通过众筹的方式为供应链上的企业提供资金支持，这种方式能将更多的社会闲散资金引入供应链体系中，促进产业链的良性循环。

三、供应链融资流程及风险管理

供应链融资作为一种新型融资模式，不同于传统金融，更加适合小微企业的特点，其流程和风险管理是实现资金有效配置与调后流通的重要环节。理解供应链融资的流程及风险管理，对于小微企业摆脱融资困境具有深远意义。

供应链融资的流程需要企业与供应链中的核心企业进行合作。核心企业通过其在供应链中的主导地位，为整个供应链的稳定性和可信度提供了保证。供应链融资流程通常包括以下几个关键步骤：首先，供应链内的交易信息被记录和整合，无论是采购单、订单、发货单还是发票，都需要电子化和透明化。其次，基于这些交易信息，供应链金融服务机构（如银行、金融科技公司）对融资需求进行评估，确定企业的融资资格和额度。这往往涉及对核心企业信用情况和供应链整体运作情况的考察。这时，小微企业无须依赖自身的信用评级，而是借力于核心企业的信用和供应链的稳定性，为融资创造了有利条件。

获得认可后，金融机构与小微企业及其核心企业签订融资协议，然后依据协定的融资条件，资金被注入小微企业中。这个额度可以根据实际交易情况进行浮动调整，以确保资金流的灵活宽松。金融机构通过对供应链企业之间的应收账款、库存、应付账款等环节的整合和管理，实现了对小微企业的资金支持。这样的模式不仅缩短了融资时间，还降低了小微企业的融资成本。

然而，供应链融资也面临各种风险，故而风险管理不可忽视。在供应链金融的风险管理中，包括信用风险、操作风险、市场风险、法律风险等。信用风险主要体现在小微企业和核心企业的履约能力上。若核心企业的信用出现问题，将直接影响金融机构对整个供应链的信心。因此，金融机构需要建立全面的信用评估体系，不仅应包括对核心企业的信用评估，还应包含小微企业在供应链中的交易记录和履约情况。

操作风险是供应链融资中不可忽视的一环，包括信息不对称、数据失真、操作错误等风险。金融机构应当引入先进的金融科技手段，利用大数据、区块链等技术，实现信息透明化、自动化审核和智能化管理，以减少操作过程中出现的误差和不公平现象。此外，还需加强员工培训，提升其业务技能和风险辨识能力，确保各环节的操作合规和准确。

市场风险通常涉及汇率波动、利率变化以及其他市场因素导致的融资成本和收益变动。在风险管理上，金融机构需要建立灵活的应对机制，适时调整融资策略和产品，以应对瞬息万变的市场环境。采取对冲工具、风险分散化策略，增加对市场环境的敏感度，及时做出适应性调整，是降低市场风险的重要方式。

供应链融资的法律风险关键在于交易和合同的合法性以及各方权利义务的明确性。金融机构必须确保所有融资合同和交易协议的合法有效，避免法律纠纷带来的损失。这需要完善的法律审批流程和持续的法律风险监控机制，及时发现并解决可能的法律问题，保障融资活动的顺利进行。

金融科技在供应链融资风险管理中的作用日益重要。通过引入区块链技术，可以实现交易信息的不可篡改和溯源，大大提升了交易的透明度和可信度。智能合约可以自动执行融资协议，减少人为操作误差和道德风险。同时，大数据分析可以帮助金融机构更好地进行信用评估和风险预警，提供更为精准的金融服务，为小微企业的融资提供更大的便利和保障。

四、供应链金融在实际中的应用案例

供应链金融作为一种新型金融服务模式，通过优化供应链上下游企业的资金流动，有效缓解了小微企业的融资困境。以下将通过分析供应链金融在实际中的应用案例，深入探讨其对小微企业融资的具体作用和成效。

以一家生产智能家居设备的小微企业为例，该企业在初创阶段面临着巨大的现金流压力。企业规模和信誉度有限，传统金融机构通常对其授信额度较为保守，这使企业在支付原材料采购费用时陷入困境。而该企业位于一个完善的智能家居供应链体系中，供应链金融为其提供了新的融资渠道。通过与上游原材料供应商和下游大型分销商的合作，企业将应收账款作为担保，向参与供应链金融的银行申请融资。这一机制不仅加速了其资金周转，还降低了融资成本，使企业能够及时采购原材料并进行生产，保持市场竞争力。

另一个案例涉及一家从事食品加工的小微企业。该企业需要在季节性的高峰期储备大量的原材料，但由于资金短缺，无法在最佳时机进行采购。通过供应链金融，该企业利用与大型超市的长期合作关系，将其未来的销售合同作为抵押，成功从金融机构获得资金。这笔资金不仅帮助企业完成了原材料的采购，还使企业能够在市场中更灵活地应对需求变化，提高了生产效率和市场响应速度。这表明，供应链金融在提升小微企业在市场中的竞争优势方面发挥了重要作用。

从制造业延伸到服务业，一家位于旅游产业中的小微企业同样受益于供应链金融。该企业主要为旅游景点提供导览服务，在旅游旺季需要大量招聘临时导游和购买导览设备。通过供应链融资，其与旅游景点的长期合同可以作为融资担保，从银行获得短期贷款。这一资金支持使企业能够快速扩大运营规模，满足旅游旺季的需求。同时，由于旅游景点的信誉较高，银行也愿意提供较好的融资条件，帮助企业减少融资成本，增加其盈利能力。

在电子商务领域，小微企业同样面临类似的问题。一家经营线上销售的中小企业，因为大部分资金压在库存和物流环节，流动性非常紧张。通过与大型电商平台的合作，其可以将未来销售的应收账款作为抵押，利用供应链金融向银行申请贷款。这笔资金不仅使企业能够迅速补货，还可以用于流量推广和客户服务提升，提高用户体验，扩大市场份额。通过这种方式，供应链金融帮助电商小微企业解决了资金链条中的瓶颈问题，促进了其持续健康发展。

供应链金融还在农产品加工的小微企业中得到了广泛应用。例如，一家生产有机食品的小微企业，与多个农业合作社建立了稳定的合作关系。这些合作社在每年的特定时间交付大量农产品，但该企业在收获季节前需要支付大笔的预付款。而企业本身由于规模小、融资渠道有限，很难从传统金融系统那里迅速获得大额资金。通过供应链金融，其将与合作社签订的农产品交付合同作为担保，从专注于农业产业链融资的金融机构获得贷款。这样不仅确保了企业在收获季节前的资金充足，还帮助农业合作社提前锁定了市场，实现了双方共赢。

再看另一类供应链金融的实际案例，建筑行业的小微企业同样可以受益。建筑施工企业在项目启动初期往往需要预付大量工程款和材料费用，但资金回笼通常需要较长时间。通过供应链金融，施工企业可以将未来的工程合同或应收账款质押，向金融机构申请预付款项。这一融资方式帮助企业在启动阶段迅速积聚资金，确保施工进度，同时降低了资金短缺导致项目延期的风险。建筑行业中的这种应用充分体现了供应链金融在稳定资金供应、支持项目顺利推进方面的作用。

在科技创新领域，供应链金融为初创科技企业提供了融资新渠道。一家专注于人工智能软件开发的小微企业，在研发阶段需要大量资金进行技术攻关和人才引进。由于没有实际产品销售，传统银行不愿授信。通过与大型科技公司的合作，以未来的技术服务合同作为抵押，企业向金融机构申请到了开发资金。这样，不仅确保了技术开发的顺利进行，也增强了企业在技术市场中的竞争力和话语权。

这些案例表明，供应链金融通过创新的融资模式和灵活的担保机制，有效缓解了小微企业在不同行业中的融资约束，帮助其提升了市场竞争力，支持其健康发展。同时，供应链金融的广泛应用也促使金融机构探索出了适应小微企业多样化需求的金融产品，推动了金融市场的不断创新和升级。在未来，随着供应链金融服务体系的不断完善，必将为更多的小微企业提供更加高效、精准的融资支持，助力其在激烈的市场竞争中稳步成长。

第五节　小微企业融资需求与供应链金融的匹配

一、小微企业的融资需求特征

小微企业的融资需求非常复杂且多样化，这些需求特征背后不仅反映了企业自身的发展阶段和经营状况，同时也受制于整体市场环境和金融体系的运作方式。从广度和深度两个方面进行探讨，有助于全面理解小微企业的融资需求特征，为供应链金融模式的创新提供理论依据。

小微企业的融资需求具有高度不确定性和波动性。这是由于小微企业在业务发展中常常面临市场需求波动、技术变革以及经营环境变动等多种不确定因素。企业规模较小，抗风险能力较弱，因此，在面临突发市场变化时，这些企业往往需要快速获取资金以应对运营和发展需求。例如，面对突如其来的市场订单增加，小微企业需要迅速采购原材料，增加生产线以满足订单需求，这一过程中，资金需求显得尤为迫切和大量。这种不确定性和波动性不仅增加了融资难度，也进一步抬高了小微企业的融资成本。

小微企业的融资需求还呈现出较高的频次和短期性。这是因为小微企业的运营模式往往较为灵活，且多采用短周期的生产和销售策略。但在这种策略下，现金流压力相对较大，需要不断地进行短期融资来维持运营。例如，生产制造型小微企业往往需要在购买原材料后的一定时间内完成生产和销售，但销售回款周期不确定，这使企业常常需要短期融资来填补资金缺口。因此，他们更倾向于选择那些能够快速审批和放款的金融产品，以便能及时解决眼前的资金困境。

小微企业的融资需求还具有较高的灵活性和多样性。由于小微企业的发展阶段和行业分布广泛，不同的企业在不同的发展阶段和行业背景下，其融资需求也表现出极大的差异。有些企业在初创阶段，主要需要的是启动资金，以完成早期产品研发和市场开拓；有些企业在成长阶段，更多的是需要扩大再生产所需的资金，以提高市场份额和生产能力；还有些企业在成熟阶段，可能更关注经营成本的优化和融资结构的调整。这就要求金融机构能够提供多样化、定制化的金融产品和服务，以更好地满足不同阶段和行业企业的独特融资需求。

小微企业的融资需求往往伴随着较低的资本密集度和较高的劳动密集度。这意味着相较于大型企业，小微企业的固定资产较少，难以提供足够的抵押物来获取银行贷款。这种低资本密集度的特点使小微企业往往更倾向于选择非抵押类的融资方式，如信用贷款、供应链金融等。金融机构在面对这些企业时，也需要更多地依赖于对企业信用的评估和其他非财务信息的考察，而不仅仅是传统的抵押品评估。

小微企业在融资过程中经常遭遇信息不对称的问题，也成为其融资需求中的一大特征。由于小微企业经营数据和财务报表的不规范性，相对于大型企业，外部金融机构难以全面准确地评估其信用风险。这使很多金融机构在面对小微企业时，往往持谨慎态度，要求更高的风险补偿或者索取更多的信息，这进一步抬高了小微企业的融资门槛和成本。

小微企业的融资需求还表现为较高的融资渠道依赖度。由于金融市场的不完善和金融机构对小微企业风险的过度谨慎，小微企业通常较难获得银行的长期贷款，而是更多地依赖于民间融资和其他非银行金融机构的支持。这种依赖度不仅增加了融资成本和风险，有时甚至导致企业陷入恶性负债循环中，严重影响企业的长期健康发展。

小微企业的融资需求还深受政策环境和市场环境的影响。政策的支持能够在一定程度上缓解小微企业的融资困境，面对国家和地方政府的各类扶持政策，例如减税降费、设立专项基金等，能够为小微企业提供一定的资本支持和融资优惠待遇。然而，这些政策往往具有阶段性和有限性，不足以从根本上解决小微企业的融资难题。因此，市场机制的完善和多层次、多元化融资体系的建立显得尤为重要。供应链金融作为一种新型金融模式，正是在这种政策和市场环境双重推动下应运而生，以其特有的融资方式和机制设计，有望为解决小微企业融资难题提供新的思路和路径。

二、供应链金融产品的适配性

供应链金融通过将供应链中的核心企业、银行及相关中小企业整合起来，从而为小微企业提供更为灵活和便捷的融资渠道。然而，供应链金融产品的适配性直接决定了其能否真正有效地解决小微企业的融资约束问题，是否能够满足其具体需求。因此，探讨供应链金融产品的适配性显得尤为重要。

供应链金融产品的适配性首先体现在其对不同类型小微企业的覆盖面和针对性上。不同的小微企业在其生产经营过程中面临的资金需求和风险情况是各不相同的，有些企业需要资金链的流动性支持，有些则需要固定资产的长期投入。供应链金融产品能够针对这些不同需求，制定有差异化的金融支持方案。例如，对于依赖快速周转的贸易型小微企业，能够提供"应收账款融资"等周转期短、资金使用灵活的金融产品。而对于需要重大设备投入的制造型小微企业，则可通过"供应链租赁"等长周期、低利率的产品满足其特定需求。通过对企业类型和其经营特征的细致分析，供应链金融能够提供更为适配的金融产品，提高资金利用效率，帮助小微企业稳定和发展。

供应链金融产品适配性还体现在对供应链中核心企业信用的合理利用上。核心企业的信用资源往往是供应链金融产品设计的基础，通过信用背书的方式最终传导给小微企业，使其获得较为低廉的资金成本和充裕的资金来源。例如，反向保理融资、保理池融资等产品便通过核心企业的信用介入，为上下游的小微企业提供更加便捷的融资渠道。这一模式不仅降低了融资门槛，也减轻了小微企业的负担，有助于其更好地参与到供应链的运作中，从而提升整体供应链的运作效率和竞争力。

技术的发展为供应链金融产品的适配性提供了新的动力和支撑。供应链金融与大数据、区块链、人工智能等新兴技术的结合，极大地提升了供应链金融产品的创新能力和精准度。应用大数据技术，金融机构能够通过海量数据分析迅速掌握小微企业的经营状况、交易历史和信用水平，从而为其精准定制相应的金融产品。区块链技术则通过分布式账本和智能合约的形式，提供更加透明和低成本的信任机制，减少金融交易中的不确定性和操作风险。通过智能化的风险评估和决策支持系统，供应链金融产品能够更具适配性地进行设计和推行，以更好地满足小微企业的融资需求。

　　监管环境和政策支持也在很大程度上影响供应链金融产品的适配性。良好的政策环境能够激励金融机构推出更多创新性和适应性的供应链金融产品，支持小微企业的发展。例如，在国内，不少政府部门和金融监管机构出台了一系列针对小微企业融资困境的优惠政策和支持措施，鼓励金融机构开发更多适合小微企业的供应链金融产品。同时，通过构建健全的法律体系和信用体系，逐步消除小微企业在融资中存在的信息不对称和信用不充分问题，使供应链金融产品的适配性得以充分发挥。

　　供应链金融产品的适配性还体现在融资流程的简化和透明化上。传统的银行贷款涉及烦琐的审批程序和复杂的抵押担保，这对于灵活性要求高、资源有限的小微企业来说无疑是一大障碍。而供应链金融通过在线化、平台化的运作模式，显著缩短了融资决策和资金到账的时间，使融资过程更加高效和透明。例如，"订单融资"产品通过在线合同管理和数据对接的方式，从下单、发货到付款的整个供应链过程实时跟踪，确保融资的准确性和及时性。这不仅提高了小微企业的资金周转效率，也增强了其对未来经营的信心和保障。

　　从长远来看，供应链金融产品的适配性还应充分考虑可持续发展的问题。单纯注重短期利益的金融产品往往难以维护小微企业的长期发展，需要设计更多具有长期合作和共担风险机制的金融产品。例如，绿色金融产品针对具有环保效益的小微企业进行专项融资支持，不仅满足其环保创业的资金需求，也推动了供应链整体的绿色转型。建立更加稳固和长期的金融支持关系，能够帮助小微企业在新经济形势下寻找到更多的发展机遇，实现可持续增长。

三、供应链金融对供需匹配的促进作用

　　供应链金融在缓解小微企业融资困境、促进供需匹配方面具有重要作用，其核心在于通过供应链上下游企业之间的协作和金融机构的支持，优化资源配置，增强小微企业的生存与发展能力。供应链金融通过银行、金融机构与产业链各环节的深入结合，为小微企业提供便捷融资渠道，从而达到优化资源配置的目的。

　　供应链金融能够帮助小微企业解决因信息不对称和信用不足而带来的融资难

题。小微企业在融资过程中往往面临着信用评级低、资产抵押不足等问题，传统金融机构对其缺乏足够信任，从而导致小微企业获取资金困难。然而，供应链金融通过对整个产业链的深入分析和风险评估，将产业链上的信息透明化，使金融机构能够基于供应链上较为可靠的信用体系，为小微企业提供更具可行性的融资方案。这不仅提高了小微企业的信用水平，也为金融机构的风险管理提供了更好的基础。

在供应链金融中，有多种金融产品和服务可供小微企业选择，如保理、订单融资、仓单质押等。这些金融产品都是基于供应链运作中的核心企业和合同订单，将小微企业的应收账款、订单、存货等转化为融资工具，从而提高其资金流动性。例如，保理业务可以帮助小微企业将未到期的应收账款提前变现，解决其短期资金需求。订单融资则是以小微企业手中未完成的销售订单为抵押，提供融资服务，使其能够提前获得生产或采购所需的资金。仓单质押则是小微企业凭借仓储货物的仓单作为抵押物，获得贷款。这些形式多样的供应链金融产品，能够根据小微企业不同的发展阶段和需求特点，为其提供灵活的资金支持。

供应链金融还通过提升资金使用效率来促进供需匹配。在传统的金融模式中，小微企业的资金利用效率较低，资金流转速度慢，这极大地影响了其经营效益。而通过供应链金融，小微企业可以更快速地将应收账款、库存等资产转化为现金流，减少资金沉淀，增加资金的使用效率。例如，通过提前收回应收账款，小微企业能够及时补充资金进行再投资，抓住市场机会，扩大生产规模，提升市场竞争力。资金高效运转不仅有助于小微企业自身的业务发展，还能推动整个供应链的运作效率，从而达到供需匹配的优化。

供应链金融还通过降低融资成本来促成供需匹配。在传统的融资模式中，由于小微企业的风险较高，银行和其他金融机构往往要求较高的利率或严格的抵押条件。这样一来，小微企业的融资成本非常高，导致很多小微企业望而却步。而供应链金融依托产业链上下游企业之间的互信关系和共同利益，通过核心企业的信用传递，能够为小微企业提供相对低成本的融资服务。比如，核心企业作为供应链中的主导力量，对上下游企业具有较强的影响力和带动作用，其良好的信用评级和稳定的合作关系，可以帮助小微企业降低融资风险，进而获得较为优惠的贷款利率和更宽松的贷款条件。这不仅减轻了小微企业的融资负担，也增强了资金的流通性，从而实现了供需的有效匹配。

在提升供应链整体运作效率方面，供应链金融也发挥了不可忽视的作用。通过供应链金融，产业链各环节的资金流、物流和信息流能更加高效地协调运作，有助于提升整体供应链的响应速度和协同效率。小微企业作为供应链中的一个环节，能够及时获得资金支持，从而保障其按时履约和稳定生产。同时，供应链金融的透明化和标准化操作流程，使资金的流动更加可控和可预测，有助于各环节企业科学合理地安排生产和供货计划，减少因资金链断裂或资金流周转不灵引发的供应链紊乱和运营风险。

四、匹配过程中存在的问题与解决方案

传统融资方法常常难以满足小微企业的需求，供应链金融作为一种新型融资方式，为小微企业的融资提供了新的途径。然而，在小微企业融资需求与供应链金融的匹配过程中，仍然存在诸多问题和挑战。深入分析这些问题并探讨相应的解决方案，对于促进小微企业的发展具有重要意义。

在匹配过程中存在的显著问题之一是信用信息的不对称。大多数小微企业由于其经营规模较小、财务状况不透明、缺乏系统性的财务报表和信用记录，使银行和其他金融机构对其信用状况难以全面了解，从而增加了融资的风险。不仅如此，小微企业的信用信息碎片化且缺乏统一的标准，银行难以对其进行有效的信用评估。这使尽管小微企业有相对稳定的供应链背景和经营历史，但其融资申请往往难以实现。而解决这一问题需要通过提升信息透明度和建立统一的信用信息系统，通过技术手段，如大数据分析、区块链技术等，加强信用评估的准确性和高效性。

在供应链金融的实际操作中，另一个显著的问题是融资成本较高。由于小微企业的贷款规模较小，银行在进行贷款审批和管理过程中，单位时间及资源的投入成本较高。此外，供应链金融本身涉及多方主体，如核心企业、金融机构、上下游供应商，融资过程相对复杂，导致综合成本上升。这不仅增加了银行的运营

成本，同时也提高了小微企业的融资成本。此问题的解决可以通过优化供应链金融的服务模式和流程，降低冗余环节，提升操作效率。具体而言，可以采用科技金融手段，如人工智能和自动化系统，简化审批流程，降低人力成本，从而有效地减少融资成本。

在匹配过程中，还存在"信息孤岛"问题。小微企业与其供应链上的核心企业和上下游企业之间的信息流缺乏有效的共享和整合，导致了信贷风险评估和管理的难度增加。金融机构常常无法准确获取小微企业的真实经营状况和资金流动情况，导致其对小微企业的融资支持力度不足。解决这一问题的一个方法是建立信息共享平台，通过供应链上各节点的信息互通，形成一个透明、可信的资金流、物流和信息流追踪系统。区块链技术可以在这一过程中发挥重要作用，通过其去中心化和不可篡改的特性，保障信息的真实性和安全性，提高金融机构对小微企业的信任度。

此外，供应链金融中的担保和抵押问题也成为一大障碍。传统银行贷款往往要求小微企业提供一定的抵押物或担保，而大多数小微企业因自身资产有限，很难满足这一要求。而供应链金融虽然以贸易背景和应收账款等作为基础，但在实际操作中，如何有效评估和管理这些贸易背景资产和应收账款的真实性和价值，仍然是一个复杂的问题。为解决这类问题，可以探索使用一些新的担保方式，如采用核心企业的信用背书和应收账款质押，通过法律和技术手段保障这些金融工具的法律效力和操作便捷性。同时，金融机构也可以与保险公司合作，推出应收账款保险等风险缓释工具，降低融资风险。

监管和法律环境的欠缺也是小微企业融资需求与供应链金融匹配过程中必须面对的困境之一。目前，许多国家和地区尚未建立完善的供应链金融监管框架和法律法规，使金融机构在创新业务模式时存在一定的合规风险。解决这一问题需要监管部门和立法机构加快制定和完善相关政策法规，为供应链金融的发展提供稳定的法律环境和政策支持。同时，需要加强对供应链金融从业人员的培训和执业规范，提升整体行业的专业水平和服务能力。

在技术和基础设施方面的不足也限制了供应链金融的进一步推广。多数小微企业以及供应链上的其他主体对信息化和数字化的接受度和应用程度较低，缺乏现代化的管理系统和技术手段支持，这在实质上增加了供应链金融的操作难度和信用风险。因而，推动信息技术在小微企业中的普及和应用，提升其数字化管理水平是解决这一问题的重要途径。通过政府和行业协会的引导和支持，实施供应链金融的数字化转型，提高整体信息化和智能化水平，从而增强供应链金融的效率和安全性。

匹配过程中仍然存在金融服务针对性和适应性不足的问题。一些供应链金融产品和服务未能充分考虑小微企业的实际需求和经营特点，导致很多融资方案在实施中效果不佳。为解决这一问题，需要金融机构在业务设计和推广过程中，深入研究小微企业的实际经营情况和融资需求，制定更多具有针对性的金融产品和服务。同时，通过建立小微企业与金融机构之间的有效沟通机制，及时了解客户需求并进行产品和服务的调整和优化，提升供应链金融的适用性和服务水平。

第六节　小微企业在供应链金融中的角色与机遇

一、小微企业在供应链中的上下游位置

小微企业在供应链金融中的上下游位置，既取决于其在整个供应链生态系统中的角色定位，也受到其经营特性和行业背景的影响。在供应链中，小微企业既可以处于上游位置，也可以处于下游位置，各自面临着不同的挑战和机遇。

小微企业在供应链上游的位置往往是原材料供应商或零部件提供者的角色。这个位置让小微企业承担了供应链初始投入的重要角色，提供的产品质量和供应稳定性直接影响到整个供应链的顺畅运转。上游小微企业通常依赖大企业或中游企业的采购订单，以确保稳定的收入来源。与此同时，作为上游供应商，小微企业常常面对着资金周转压力和原材料价格波动的挑战，这些都需要一定的财务和

运营管理能力来应对。

在上游，小微企业在供应链金融的帮助下能够更好地应对资金链紧张的状况。比如通过应收账款融资，银行或金融机构可以依据小微企业尚未收回的货款进行贷款，这为它们提供了提前拿到资金的机会，缓解了现金流压力。应收账款保理业务的应用，也能够帮助小微企业降低坏账风险，改善财务结构。此外，采购订单融资也是一种有效的手段，金融机构依据上游小微企业与大型采购企业签订的订单进行贷款，确保其能按时交货，维持生产线的连续运转。

小微企业在供应链下游则通常扮演着经销商、分销商或零售商的角色。处于下游的企业需从上游或中游企业采购产品，并通过自身的销售网络将产品销售给终端消费者。下游小微企业的市场触觉较为灵敏，直接面对市场需求，能够迅速调整经营策略，以适应市场变化。然而，由于市场变化的不可预测性，库存压力、赊销风险、市场竞争等问题都使下游小微企业运营中同样面临资金链吃紧的困境。

供应链金融在缓解下游小微企业融资约束方面具有重要作用。例如，库存融资能帮助小微企业将库存商品转换为流动资金，满足企业的资金需求。银行或金融机构会依据这些库存商品的市场价值进行融资，企业可以利用这部分资金进行再投资或者补充流动资金。此外，对于赊销环节中的应收账款，金融机构可以提供保理服务、应收账款证券化等金融工具，使下游小微企业能够提前将应收账款转化为现金流，缓解资金周转压力。

在上下游位置的小微企业还受到整个供应链金融生态环境的影响。一个健康的供应链金融生态系统，通常需要由核心企业和金融机构共同维护。核心企业通过其强大的信用评级和市场地位，能够为上下游小微企业提供信用支持，吸引金融机构为其上下游企业提供融资服务。例如，核心企业可通过延长账期、提供担保等方式，帮助上下游小微企业获得更多的资金支持。

此外，金融科技的迅猛发展为小微企业在供应链中的融资带来新的机遇。大数据、区块链、人工智能等技术的应用，极大地提高了供应链金融的透明度和效率。通过区块链技术，供应链中的各个参与方可以实现信息透明化，降低信息不对称带来的风险，增强金融机构对上下游小微企业的信任，提高资金配置效率。

例如，通过智能合约，可以自动执行供应链金融交易，使融资过程更为快捷且具有较高的信用保障。

二、企业合作与利益分配

小微企业作为供应链中的重要组成部分，其存在和运营直接关系到供应链的顺畅运转和整体效益。因此，探讨小微企业在供应链金融中的积极角色与面临的机遇，尤其是分析企业合作与利益分配的机制与影响，具有重要的现实意义。

小微企业在供应链金融中通常担任供应商、分销商或者服务提供商的角色。作为供应商，他们的主要任务是为大型企业提供原材料、半成品或产成品。作为分销商，小微企业肩负着将大型企业的产品转移到最终消费者的重任。而作为服务提供商，他们为大型企业及其他供应链成员提供各种增值服务。这些角色不仅决定了小微企业在供应链中的地位，也影响了他们获取融资的能力和机会。

在供应链金融体系中，企业之间的合作是实现资源优化配置和共同发展的基础。合作的过程牵涉到多方利益的协调，小微企业通过与大型企业的合作，可以获得稳定的上下游资源以及更多的融资渠道。大型企业通常具有更强的市场影响力和信用资质，小微企业通过与这些企业的合作，可以间接提高自身的信用等级，从而获得银行或其他金融机构的青睐。

利益分配是企业合作中的核心问题。合理的利益分配机制不仅能够促进合作关系的稳定，还能激发各方的积极性。在供应链金融中，利益的分配需要考虑各个参与方的投入和风险承担。大型企业通常为供应链的主导者，承担着较大的市场风险和信用风险，因此在利益分配中通常占据主要份额。然而，小微企业作为重要的供应链节点，也需要获得相应的回报，以保证其积极性和运营的可持续性。

在具体的操作中，利益分配的原则应当是透明、公平和合理。透明性意味着每个参与方都应清楚了解利益分配的依据和方式，避免信息不对称导致的不公平现象。公平性要求各方的收益应当与其投入和风险承担相匹配，既不能让一方获得超额收益，也不能让另一方承受过大的风险和压力。合理性则是指分配机制要符合市场原则，能够在供需双方之间找到适当的平衡点。

利益分配的具体方式可以多样化，常见的有利润分享、股权合作、分阶段支付等。利润分享模式下，各方按照事先约定的比例来分享合作带来的净收益。这种方式的优点是简单易行，但需要处理好净收益计算中的诸多技术细节。股权合作模式中，小微企业和大型企业通过共同持有项目公司的股份来分配利益，这种方式能够更好地将各方绑在一起，促进长期合作。分阶段支付则是指根据项目进展情况，分阶段进行利益分配，有助于控制各方的现金流压力，降低合作风险。

需要注意的是，利益分配的机制并非一成不变。在实际的供应链金融合作中，各方应根据市场环境、项目进展、合作效果等因素进行适当调整，以确保分配机制能够始终反映实际情况，实现合作利益的最优化。信息技术的发展，尤其是区块链技术的应用，为供应链金融中的利益分配提供了新的解决思路。通过区块链技术，可以形成一个公开透明的分配机制，记录各方的投入和收益，减少人为干预，提升分配的公正性和效率。

针对小微企业的特定需求和挑战，还需要在利益分配中引入一些保护机制。例如，可以设置一个最低收益保障线，在合作项目失败或收益低于预期时，确保小微企业能够获得基本的收益保障。此外，还可以通过政策性保险、政府补贴等手段，为小微企业的利益分配提供外部支持，减轻其在供应链金融中的风险压力。

三、供应链金融对小微企业业务扩展的支持

供应链金融为小微企业提供了多维度、多层次的业务支持和服务，不仅在资金层面支持显著，还在市场准入、伙伴协同、技术服务和风险管理等方面为小微企业的业务扩展创造了极为有利的条件。

供应链金融利用核心企业的信用和供应链上下游的紧密联系，有效地解决了小微企业在融资过程中的信息不对称问题。传统的融资模式中，银行等金融机构对小微企业的财务状况和经营能力了解不足，导致其对小微企业的信用评估更加保守，进而使小微企业难以获得足够的融资。然而，在供应链金融模式下，核心企业的良好信用记录和稳定的供应链关系为小微企业的融资申请提供了有力的信用背书，从而降低了金融机构的风险感知，增加了小微企业的融资机会。

利用基于供应链的应收账款融资、小额贷款、贸易融资等多种金融产品，供应链金融能够为小微企业提供多样化的资金支持。这些金融产品大多是基于真实的交易和应收账款，无须小微企业提供额外的担保物品，小微企业即使在缺乏传统融资担保条件的情况下，仍然能够通过供应链金融获得必要的资金支持，进一步扩大其业务规模。特别是在应收账款融资模式中，小微企业可以将持有的应收账款向金融机构进行质押，从而提前获得现款，缓解资金流动性短缺的压力，并利用这些资金进行进一步的生产和业务扩展。

供应链金融不仅解决了小微企业的资金短缺问题，还通过优化供应链上下游企业之间的协同作业，提升了整个供应链的运作效率。小微企业通过参与核心企业的供应链系统，可以更好地融入整体的生产和销售流程，与大中型企业建立更加紧密的合作关系。这种深度合作不仅使小微企业在产品质量、经营管理和市场运营等方面获得核心企业的指引和支持，还进一步增强了其市场竞争力。通过在供应链金融平台上与核心企业及其他上下游企业保持频繁互动和密切合作，小微企业可以及时调整自身的经营策略，快速响应市场需求的变化，从而实现业务的稳步扩展和提升。

供应链金融为小微企业提供了更多的市场准入机会。当供应链金融模式推广开来，各类小微企业都可依托供应链平台实现直接融资，打破原有的企业融资壁垒。这种市场准入门槛的降低，使小微企业能够更容易进入新市场，拓展新的业务领域，从而提升其市场占有率和竞争能力。不少小微企业通过与核心企业或其他大型企业的合作，不仅在现有市场中站稳了脚跟，还开辟了新的市场，实现了业务的多元化发展。

基于现代科技的供应链金融平台，还为小微企业带来了更多的智能金融服务。例如，通过大数据分析、人工智能辅助信用评级等先进技术，可以为小微企业提供更加精准的信用评估和灵活的融资方案，帮助其在短时间内获得所需资金。这种技术手段的应用，大大简化了小微企业的融资流程，增强了资金使用的灵活性和效率，使其能够更加敏捷地应对市场变化，抓住新的业务发展机会。

不得不提的是，供应链金融还为小微企业提供了更多的风险管理工具。小微企业相较于大中型企业，抵御市场风险的能力较弱，但通过供应链金融，特别是与核心企业和金融机构的合作，可以有效规避和分散经营风险。通过供应链中的风险分享机制，小微企业可以利用核心企业较强的抗风险能力进行风险分担，从而降低自身面临的不确定性风险。

四、供应链金融对小微企业融资成本的影响

供应链金融作为一种新型的金融服务模式，通过整合供应链上下游企业之间的关系，将各个节点的企业特别是中小微企业充分连接起来，共同构建一个资金流、信息流和物流的闭环系统。从理论上看，供应链金融能够有效解决中小微企业融资难、融资贵等问题，其特点在于依托供应链实际业务流转提供资金支持，降低信用风险，提升信用增级效应。

供应链金融对小微企业融资成本的影响是多方面的。由于供应链金融基于核心企业的信用，可以使小微企业不再单纯依靠自身的资产和信用记录来获取融资。核心企业的信用状况往往优于小微企业，从而能够为整个供应链提供更高的信用担保，这种信用担保使金融机构在核审小微企业贷款时的风险降低，因此也可能相应地降低融资成本。尤其是在应收账款融资、库存融资和预付款融资等模式中，供应链金融的这一优势尤其明显。

供应链金融借助于信息技术和金融科技的发展，能够提升资金使用效率，并缩短资金周转周期，从而降低小微企业的资本占用成本。传统融资模式下，小微企业往往面临手续烦琐、审批时间长等问题，而供应链金融通过在线平台化、数据透明化等手段，显著减省了中间环节和审批时间，使资金能够更快捷地投入企业的生产和运营中。例如，区块链技术的应用可以提高供应链交易的透明度和可追溯性，简化交易后结算流程，提高资金流动效率。

银行及其他金融机构在提供供应链金融服务时，通常会根据供应链具体业务场景来设计定制化的金融产品。这样的产品定制化程度高，能够更好地契合小微企业实际的经营需求，降低融资过程中不必要的附加成本。例如，应收账款质押贷款能够为小微企业提供基于未结算应收账款的融资渠道，这种质押物的价值评估更为直接和透明，使融资难度和成本降到最低。

供应链金融还可以通过构建联合授信机制，集成供应链内外部资源，提高融

资效率，优化融资成本结构。传统金融机构对单一借款人的风险评估较为严苛，而通过供应链金融的联合授信机制，则将风险分散在整个供应链中。对金融机构而言，这意味着风险集中的程度降低，资金放贷的条件更加宽松，对小微企业而言，则有更多的融资机会和更具竞争力的融资成本。

而供应链金融平台通过与多方数据的联通和共享（例如，与电商平台的订单数据、物流平台的运输数据、税务部门的纳税数据联通，能够更准确地刻画小微企业的真实经营情况）提升信息透明度，可以减少信息不对称带来的风险溢价，促进银行和其他金融机构对小微企业的授信，直接降低融资成本。金融机构可以根据实时动态的数据调整对小微企业的风险评估和贷款额度，使金融服务更加精准和灵活。

在供应链金融模式下，小微企业还可以得到与大企业同等的融资待遇。这种机会均等的融资条件，让小微企业能够享受更多的金融产品和服务，间接促进了小微企业的成长与发展。通过供应链金融融资，小微企业不仅能享受比传统银行贷款更低的利率，还有可能享受到供应链上下游企业的信用支持以及更多的营运资金灵活度。

供应链金融还通过平衡各产品和服务之间的成本来实现对小微企业成本的进一步优化。例如，通过供应链金融的方式可以将短期融资需求与银行的长期融资服务进行有机结合，供应链金融的这种综合解决方案能够帮助小微企业合理规划资金的使用周期，避免资金使用中的高峰和低谷，加速资金回笼提升资金使用效率。对于小微企业而言，这就意味着拥有了更多的流动性、更低的财务成本和更高的经营效率。

第三章　新型供应链金融模式

第一节　新型供应链金融的特点与优势

一、新型供应链金融模式的基本概念

新型供应链金融模式不仅是传统供应链金融的延伸，更是在数字经济和金融科技迅速发展的背景下涌现出的一种创新性金融服务方式。它强调的是以供应链为核心，通过整合上下游企业的资源和信息，建立起一个高度协同、高效率的金融服务网络。在这一网络中，金融机构不仅是资金的提供者，更是供应链全链条的服务者、参与者和风险管理者。

与传统的融资方式相比较，新型供应链金融模式更注重信用的重构和风险的管理，它主要依托供应链的核心企业，通过核心企业的信用传导和信息共享，将金融服务渗透到供应链的各个环节。核心企业在供应链中处于主导地位，其优良的信用记录和稳定的运营状况使其成为整个供应链的信用保障。基于核心企业的信用，金融机构可以更好地评估和控制风险，为上下游的中小微企业提供金融服务，从而缓解这些企业的融资困境。

此种模式的一个关键特点是信息的透明化和共享化。构建供应链金融平台，供应链上下游各方的信息流、资金流、物流得以更加直观、透明地展示在金融机

构面前。借助于区块链、大数据、云计算等技术手段，供应链金融平台能够实时监控供应链各节点的交易情况、财务状况以及履约情况，从而有效地减少金融机构的信息不对称问题。信息透明化和共享化不仅提高了金融机构的风险控制能力，而且减少了中小微企业的融资成本和融资难度。

与传统供应链金融主要依赖于资产质押和信用担保不同，新型供应链金融更多地依托于供应链交易行为本身的信用。具体来说，通过对供应链各环节的交易数据进行分析，金融机构可以动态地评估供应链上下游各企业的信用状况。比如，对于上游供应商，金融机构可以通过其与核心企业的长期合作记录、订单履约能力、供货周期等数据来评估其信用，并以此为基础提供应收账款融资服务；对于下游分销商，则可以通过其销售数据、还款记录、资金周转情况等信息进行信用评估，提供相应的融资支持。

新型供应链金融模式还特别强调供应链各环节的协同运作。通过构建高效的供应链协同网络，可以最大化地减少"信息孤岛"现象，使供应链上下游企业如同一个有机整体，高效运转。协同网络的建立，不仅有利于提升供应链整体效率，而且能够显著降低供应链金融服务的运营成本。比如，通过建立库存融资模式，供货商可以实时获得库存商品的资金支持，而金融机构则通过对库存商品的动态监控来保障资金安全，这种协同模式显著提升了供应链整体资金的利用效率。

新型供应链金融模式还广泛采用了金融科技手段。基于大数据分析和人工智能技术，金融机构可以更加精准地进行风险评估和信用评分，从而制定出个性化的融资方案。特别是在风险管理方面，区块链技术的引入，使交易数据更加公开、透明和不可篡改，大大提升了金融机构的信息可控性和交易安全性。同时，智能合约的应用，在一定程度上减少了人为操作风险、简化了交易流程、提升了资金的使用效率。

新型供应链金融模式在服务模式上也更加多样化和灵活化。与传统模式主要以单一的资金提供为主不同，它涵盖了从资金供应、支付结算、贸易融资到风险管理的全面服务内容。金融机构通过深度参与供应链各个环节，提供一系列定制化的金融产品和服务，比如供应链保理、订单融资、预付款融资、应收账款保理、仓单质押等。这些服务不仅满足了供应链企业不同环节、不同阶段的多样化融资需求，也提升了供应链整体的金融服务水平。

二、新型供应链金融的主要特点

新型供应链金融作为一种创新的金融模式，具有显著的特点，与传统金融模式相比，其灵活性、效率和安全性等方面都得到了显著提升。这些特点为小微企业解决融资难题提供了有效的路径，主要体现在信息共享、风险控制、灵活的融资方式以及深入的产业链整合等方面，值得深入探讨。

新型供应链金融通过信息共享机制实现了对资金和商品流的实时管理。在传统的供应链中，各环节企业之间的信息往往是孤立的，这不仅增加了不确定性和交易成本，而且限制了及时、准确的信息获取，导致金融机构很难进行有效的风险评估和管理。新型供应链金融利用大数据、区块链等新兴技术，实现了供应链中的信息透明化。通过这些技术，供应链中各环节的数据能够实时共享，金融机构可以全面掌握企业的经营状况、物流信息以及信用数据。这种信息透明化一方面提高了供应链的运作效率；另一方面大大降低了融资过程中信息不对称所带来的风险。

新型供应链金融对于风险控制有独特的机制，它通过多层次的风险管理体系，增强了对风险的识别和控制能力。传统供应链金融更多依赖于抵押物或担保，而新型供应链金融通过实时数据监控和智能风控系统，能够更准确地评估企业的经营风险和信用风险。实时数据监控包括企业的生产经营数据、财务状况、销售业绩等各类数据，智能风控系统则通过机器学习和数据分析，建立企业信用评分模型，动态更新企业的风险等级。在此基础上，金融机构可以及时调整授信额度和融资条件，从而降低风险损失。

灵活的融资方式也是新型供应链金融的一大特点。传统供应链金融主要以单一的融资方式为主，如银行贷款、保理等，而新型供应链金融则提供了多样化的融资工具，如订单融资、存货融资以及应收账款融资等。这种多样化的融资方式能够根据企业的不同需求和具体的业务场景，提供定制化的金融服务。例如，对于拥有大量订单的小微企业，可以通过订单融资来获取生产资金；对于积压存货较多的企业，可以通过存货融资来盘活资产。这种灵活性使企业能够更高效地利用资金，提高经营的灵活性和应变能力。

新型供应链金融强调深入的产业链整合，充分发挥供应链上下游企业协同作用，形成强大的产业生态圈。传统金融模式往往只关注单个企业的信用和风险，而忽视了整个产业链的协同效应。新型供应链金融通过整合供应链上下游企业的资源和信息，构建由核心企业引领的产业链金融服务平台。在这个平台上，核心企业可以通过自身的信用优势，为产业链其他企业提供信用支持和资金支持，同时金融机构也可以借助核心企业的信用和数据，进行更有效的风险管理和授信评估。这种模式不仅提高了供应链整体的运行效率，还增强了供应链的抗风险能力。

新型供应链金融在技术应用方面具有显著特点。随着金融科技的不断发展，大数据、人工智能、物联网和区块链等技术在新型供应链金融中的应用越来越广泛。这些技术不仅优化了供应链的管理流程，还促进了业务流程的自动化和智能化。大数据技术通过对海量数据的采集和分析，帮助金融机构深入了解了企业的经营状况和市场动态，提高了决策的准确性和科学性。人工智能技术通过机器学习和深度学习算法，实现了对风险的精准识别和预测，提高了风控水平。物联网技术通过对物品和设备的实时监控，保证了供应链各环节的透明度和可追溯性，从而降低了伪造和欺诈的风险。区块链技术则通过去中心化和不可篡改的特点，实现了供应链中的信息共享和交易验证，增强了供应链的透明度和信任度。这些技术的综合应用，使新型供应链金融在效率、透明度和安全性方面都有了显著提升。

三、新型供应链金融的优势分析

新型供应链金融在现代经济环境中以其独特的特点和显著的优势成为缓解小微企业融资约束的重要机制。相较于传统金融模式，新型供应链金融主要在以下几个方面表现出明显的优势。

新型供应链金融首先具有强大的风险控制能力。由于供应链中的参与者通常能形成较为稳定的合作关系，金融机构在为供应链上的企业提供融资时可以通过对整个供应链的关系和信息进行综合评估，形成风险的全方位把控。例如，通过分析核心企业的经营状况和信用水平，金融机构可以较精准地预测中小微企业的经营风险，从而降低贷款的风险。这种系统性分析能够在整合和利用供应链信息的基础上，大幅减小个体企业出现问题对整体供应链的冲击，有效分散和控制风险。

高效的信息共享和透明度是新型供应链金融的又一显著优势。现代信息技术，特别是区块链、物联网和大数据等技术的应用，使供应链上的各个节点能够实时共享信息，提升了供应链的透明度。金融机构可以通过这些实时共享的信息迅速了解企业的资金流、物流和信息流，从而更精准地评估企业的融资需求和信用水平，优化贷款决策流程。信息透明度的提高，不仅缩短了融资周期，也在一定程度上减少了由于信息不对称引发的信任问题，增强了各方的合作意愿、加深了合作。

新型供应链金融创新性的融资模式为中小微企业打开了新的融资渠道。例如，基于供应链的应收账款融资、库存融资和订单融资等创新型产品，通过将企业在供应链中的核心地位和实际业务作为信用基础，一些原本难以从银行获得融资的小微企业得以通过合适的金融产品获得急需的资金支持。这极大地拓展了中小微企业的融资路径，降低了融资成本和门槛，帮助这些企业解决了传统融资方式中面临的种种难题。

进一步来说，新型供应链金融可以提升供应链的整体效率和协调性。通过金融服务的支持，供应链上的企业能够更为顺畅地进行资金运转，实现高效的资金流和物流。在这种模式下，企业可以根据实际业务需求安排生产、采购和销售等环节，减少了资金短缺对业务运营的阻碍，提高了整个供应链的运作效率。此外，金融机构提供的融资方案通常可以根据供应链的实时状况进行优化和调整，使供应链中的每一个节点，都能够保持在最佳的运营状态，提升了整个供应链的效益。

对于核心企业而言，新型供应链金融提供的解决方案可以有效地稳固其上游和下游的合作关系。通过为供应链中的中小微企业提供融资支持，核心企业不仅稳定了自身的供应链、确保了原材料和产品的稳定供应，还提升了供应链的整体合作水平和竞争力。尤其是在激烈的市场竞争环境下，稳固而高效的供应链可以在很大程度上提升核心企业的市场地位和竞争优势。

新型供应链金融还具备较强的灵活性和适应性。不同于传统金融模式中单一的金融产品，新型供应链金融能够根据企业的不同发展阶段和具体需求，提供定制化、专业化的金融服务。例如，对于发展初期的小微企业，新型供应链金融可以通过小额贷款和短期融资产品给予快速支持；而对于发展成熟、需求较大的企业，则可以提供大额的长期贷款或者资本运作方案。不同的融资产品和方案，相互补充，能够覆盖企业整个生命周期的金融需求，为企业的发展提供全方位的资金保障和支持。

技术创新在新型供应链金融中扮演了关键角色，特别是区块链技术的引入，为新型供应链金融带来了革命性的变化。区块链的去中心化、不可篡改和高度透明的特性，使供应链金融在信息验证、交易记录及合同执行等方面更加安全可靠。通过区块链，金融机构和供应链企业可以在一个分布式账本上实时更新和共享信息，极大地提高了信息的真实性和可靠性，减少了因信息不对称和信任缺失导致的融资障碍。

四、实际案例剖析

通过具体案例的详细解读，可以直观地展示新型供应链金融如何发挥作用，缓解小微企业的融资困境，从而进一步理解其在实际运作中的优势与特点。

一个典型案例是京东金融的"京小贷"项目为京东平台上小微企业提供信用贷款服务。小微企业面临现金流周转困难、融资渠道有限的问题，而传统金融机构由于缺乏有效的信用评估手段，往往对这些企业发展困难。京东金融通过该平台积累的大数据，能够精准评估各商家的经营状况和信用风险。具体来说，京东金融通过分析商家的销售数据、库存周转情况以及用户评价等，构建起一个全面的信用评价体系，从而能够快速便捷地为小微企业提供贷款，不但速度快，而且成本低廉，极大地解决了小微企业的融资难题。此外，通过这种模式，京东金融还提高了平台商家的黏性，形成了良性循环。这一案例充分体现了数据共享和技术赋能在新型供应链金融中的关键作用。

另一个值得关注的案例是阿里巴巴旗下的"蚂蚁金服"，该公司推出的"网商贷"业务，为中小微企业提供线上贷款服务。"蚂蚁金服"利用其生态系统内的数据,如交易记录、客户信用评分、社交网络等,进行多维度风险评估。基于这些大数据,网商贷能够快速做出贷款决策,有效避免传统信贷审批过程中的烦琐环节和高成本。针对中小微企业的特性,"蚂蚁金服"还提供灵活的还款计划,能够让企业在资金运用上更加游刃有余。此案例展示了智能化信贷和大数据应用对于小微企业融资环境的改善,以及金融科技在降低融资门槛和成本方面的显著作用。

平安银行的"供应链金融"解决方案是另一个典型案例。该行通过与核心企业合作,以核心企业的信用为基础,为上下游小微企业提供融资服务。这种方案包括应收账款融资、预付款融资和存货融资等多种形式。通过应收账款融资,小微企业可以将账期较长的应收账款转化为即时的现金流,以解决短期资金需求。在预付款融资中,银行根据小微企业与核心企业之间的合同预付款比例,提供相应的融资服务,从而减轻采购环节的资金压力。而在存货融资中,银行则根据小微企业现有的库存状况提供贷款,帮助其缓解资金紧张。通过这些手段,"供应链金融"挖掘了核心企业信用的潜力,为小微企业打开了新的融资渠道,并有效地提升了整个供应链的运作效率。

宜信公司的"宜信普惠"项目同样是一个具有代表性的案例。该项目通过互联网平台搭建起借贷双方的联系,为小微企业提供了多种类型的线上贷款产品。"宜信普惠"在风控方面采用先进的数据分析技术,通过对企业经营状况、行业表现以及整体经营环境的监测,及时调整贷款政策,确保放款与回款的高效安全。"宜信普惠"还通过教育、医疗、文化等不同领域的专业团队,为不同类型的小微企业提供针对性的融资解决方案。这种差异化的服务模式,不仅提高了小微企业的融资成功率,也在一定程度上推动了地方经济的发展。

海尔集团推出的"海融易"项目,通过创新的产品设计和金融服务模式,为小微企业提供了一体化的供应链金融解决方案。"海融易"项目结合了海尔集团在制造和服务领域的深厚积累,通过大数据、云计算等技术手段,搭建起一个开放、透明的融资平台。小微企业可以通过"海融易"平台直接对接金融机构,获取包括订单融资、发票融资等多种融资服务。"海融易"还通过与物流企业合作,提供仓单质押融资服务,即企业可以存货的仓单为抵押,获得相应的贷款,从而减轻库存压力。这一模式不仅提升了小微企业的融资效率，也促进了产业链上下游企业的协作与发展。

这些案例均表明，新型供应链金融在缓解小微企业融资约束方面具备显著的优势。通过运用大数据、云计算、区块链等前沿技术，新型供应链金融能够更准确地评估小微企业的信用风险，降低金融机构的信贷成本和风险。与此同时，通过与核心企业的紧密合作，小微企业能够利用其信用和资源，获取更多的融资机会。此外，各平台和机构通过提供多样化、差异化的金融产品和服务，能够更好地满足小微企业的实际需求，提高融资效率，从而为小微企业的发展提供有力支持。

新型供应链金融通过创新的模式和实际案例的成功实践，展示了一种更为灵活、高效、低成本的小微企业融资解决方案。这不仅为小微企业的发展提供了新的机遇，也为供应链金融的进一步发展和完善提供了丰富的实践经验和理论支持。通过对这些实际案例的剖析，我们可以清晰地了解到新型供应链金融的特点与优势，从而更好地推动这一领域的持续创新与发展。

五、与传统供应链金融的对比

新型供应链金融模式与传统供应链金融模式在多个方面存在显著差异，其各自特点和优势对缓解小微企业融资约束机制的作用具有不同影响。为了全面探讨这一主题，有必要从多个角度来对比分析这两种模式，从而揭示它们在具体应用过程中的优劣势。

在风险管理方面，传统供应链金融更多依赖于核心企业的信用担保，金融机构主要根据核心企业的信用状况以及其对上下游企业的影响力来进行风险评估和控制。新型供应链金融引入了技术手段如大数据、区块链、人工智能等，建立更为全面和实时的风险监测和控制系统。大数据可以帮助金融机构获取并分析上下游企业的经营状况、资金流、物流等多维度信息，从而做出更精准的风险评估。区块链技术增强了信息的透明度和不可篡改性，解决了传统金融模式下的信息不对称问题，降低了信用风险。人工智能的引入则使风险预测和评估更加智能化和高效化。

从贷款产品设计的角度来看，传统供应链金融的产品较为单一，通常包括应收账款融资、预付款融资和存货融资等，而这些产品主要是围绕核心企业的信用进行开发。因此，小微企业往往受制于核心企业的整体信用状况和经营战略。这种模式的固有局限性限制了小微企业的灵活性和贷款获取的便捷性。新型供应链金融则引入了更多创新型金融产品，如动态保理、订单融资、库存融资等，并且利用在线平台和金融科技，实现了金融产品的定制化和多样化。这些创新型金融产品不仅能及时满足小微企业的不同融资需求，还能根据市场变化和企业的具体情况进行灵活调整。

在资金流转效率方面，传统供应链金融的资金流转速度较慢、手续繁复、审批流程长，制约了小微企业的融资时效。传统模式下的资金流动依赖于人工审核和线下操作，周期长且操作复杂，增加了企业的资金周转压力。而新型供应链金融借助金融科技手段，在较大程度上简化了审批流程，提高了资金流转的效率。利用智能合约和区块链技术，资金流转实现了自动化和无缝对接，使企业可以更快速地获得所需的资金，减少了资金积压、降低了时间成本。

在融资成本方面，传统供应链金融模式下，小微企业通常面临较高的融资成本，这主要是因为金融机构需要承担较大的风险，而这些风险大部分又转嫁给了小微企业。由于信息不对称和信用评估手段落后，金融机构对小微企业的贷款风险评估通常较为保守，从而融资成本居高不下。新型供应链金融通过引入科学的风险评估手段，如大数据分析和人工智能技术，提升了风险控制的精度，有效降低了金融机构的风险。这种风险的降低使金融机构可以提供更低成本的融资服务，从而间接降低了小微企业的融资成本。另外，在线交易平台的应用大幅削减了中间环节的成本，使整体融资成本得以有效控制。

信息透明度也是新型供应链金融和传统供应链金融的重要区别之一。在传统模式中，由于信息不对称问题严重，金融机构很难全面掌握小微企业的真实经营情况，信息的传递通常依赖于核心企业的信用背书。这种信息不对称不仅增加了金融机构的风险，也使小微企业在融资过程中容易被边缘化。而新型供应链金融利用区块链技术和物联网等手段，提高了供应链上下游信息的透明度和真实性，使得金融机构可以实时、全面地了解小微企业的经营状况，从而做出更为准确的贷款决策。这不仅有助于降低信贷风险，也能提高信息传递的效率。

　　在信用机制的建立方面，传统供应链金融主要依赖核心企业的信用背书，小微企业的信用积累缓慢、信贷记录有限，难以获得独立的信用评价。而新型供应链金融通过大数据分析、智能风控等手段，使小微企业能够通过日常业务活动和交易行为不断积累信用，逐步建立起独立的信用体系。例如，基于大数据技术，小微企业的订单量、交货及时性、生产能力等多维度数据都可以纳入信用评价体系，成为其信用的支撑点。区块链技术的应用确保了信用数据的真实、透明和不可篡改，更进一步提升了信用机制的公信力和可靠性。

　　以上各方面的对比分析表明，新型供应链金融在风险管理、贷款产品设计、资金流转效率、融资成本、信息透明度与信用机制等关键环节上，相比传统供应链金融具有显著的优势。这些差异使新型供应链金融不仅有助于缓解小微企业的融资约束，还为金融机构提供了更为高效、安全的金融服务模式。通过应用新型供应链金融手段，金融市场在提升资源配置效率和促进经济发展的同时，也为小微企业的成长和创新提供了更加肥沃的土壤。

第二节　基于核心企业的供应链金融模式

一、核心企业在供应链中的角色

　　核心企业一般是指在行业链中处于领先地位，具有较高市场占有率和较强对内外部资源整合能力的企业。由于其在供应链中的重要性和稳定性，核心企业成为供应链金融的核心支撑点。

　　核心企业在供应链中扮演的角色集中体现在资源配置、信用传导、协同合作和风险管理等方面。首先，核心企业在供应链中优化资金流、物流和信息流。作为供应链中重要的节点，核心企业能整合上下游的各类资源，实现高效的资源配置。通过对上下游企业需求的精准预测和有效响应，核心企业能够在提升整个供应链效率的同时，降低运营成本，韧性应对市场变化。核心企业通常具有强大的信息化管理系统，可追踪流水线上的商品流、信息流和资金流，帮助上下游企业精准匹配资源，进而推动供应链整体协同发展。

其次，核心企业在信用传导过程中起着关键作用。供应链金融模式的一个基础是核心企业的信用不可分割。核心企业利用其较高的信用等级和稳定的现金流，为供应链上下游的中小企业赋能，形成信贷传导作用。金融机构在设计供应链金融产品时，更加看重核心企业的信用状况，因而核心企业的信用评定能够提供一种间接信号，降低金融机构在授信时的风险评估成本。核心企业通过与银行等金融机构的合作，可以将自身的信用扩散到供应链的上下游，帮助中小微企业获得更多的融资机会和更优惠的融资条件，解决融资难、融资贵的问题。

再次，核心企业还发挥着整合与协同的作用。在供应链的各节点中，核心企业通过其强大的资金、技术、品牌和市场影响力，带动整个链条上的中小微企业协同发展。核心企业通过签订长期合同、提供技术支持、共同研发新产品和市场开拓等方式，与上下游企业形成紧密的合作关系。这种合作不仅能充分发挥各自优势，还能增强整个供应链的抗风险能力和市场竞争力。例如，核心企业可以与供应链中的上游企业合作，建立原材料供应保障机制，降低上游企业的市场波动风险；同时，也可以通过订单融资等方式，确保下游企业的生产运营顺畅。

最后，在风险管理方面，核心企业是供应链金融中的重要风险缓释者。对于供应链中的中小微企业来说，风险管理能力相对较弱，单凭自身难以应对复杂的市场环境和突发风险事件。而核心企业由于通常具有更完善的风险管理体系和较高的风险承受能力，在供应链中充当了"稳定器"的角色。核心企业可以帮助中小微企业进行风险识别、评估和控制，将市场、信用、操作等方面的风险合理分散和管理。通过供应链条上的资源整合，核心企业能够及时获取市场变化信息，快速调整供需匹配，从而将风险降到最低。

二、基于核心企业的应收账款融资

在基于核心企业的供应链金融模式中，应收账款融资是一种广泛使用且具有较强操作性的融资方式。这种方式通过运用核心企业的信用，缓解小微企业在融资过程中因自身信用不足而面临的困境，实现了资金流动性的提升和商业交易链条的稳定。

应收账款融资是指供应链中供应商因向核心企业销售商品或提供服务所产生的应收账款作为主要担保或质押，通过金融机构获得融资的方式。在这个过程中，金融机构基于对核心企业的信用评估，给予供应商相应的融资额度。供应商可以将未来某一时间点能够收回的应收账款转让给金融机构，从而提前获得所需资金。

这种融资模式的核心优势在于它能够有效利用核心企业的信用背书，降低融资的风险和难度。小微企业因自身规模小、抗风险能力弱、信用记录不够完善，往往难以获取传统银行贷款。而在应收账款融资模式中，金融机构更多关注核心企业的信用状况和交易的真实性，因此小微企业的信用问题得以解决，从而更容易获取资金。

应收账款融资不仅提高了小微企业的资金流动性，还优化了资金使用效率。在传统的商业交易中，小微企业通常需要等待应收账款的回收，这一过程可能持续数月甚至更长时间，其间会导致资金周转不畅，影响企业的正常运营。通过应收账款融资，小微企业可以提前获得现金流，确保生产经营活动的连续性和稳定性，从而更好地把握市场机会，提升企业竞争力。

应收账款融资还可以促进供应链整体的健康发展。核心企业作为供应链的中心，其支付能力和信用状况直接影响着整个链条的资金流动和稳定性。通过应收账款融资模式，核心企业的信用能力被有效传导至上游供应商，减轻了供应商的资金压力，从而促进了供应链条各环节的协同运作。金融机构在其中扮演了桥梁角色，既保证了供应链的顺畅运作，又实现了资金的安全使用。

在具体的操作中，应收账款融资的实现通常包括以下步骤：首先，小微企业与核心企业完成交易并形成应收账款；其次，小微企业向金融机构提出融资申请，并提供相关交易凭证和应收账款账目；再次，金融机构对核心企业的信用状况和交易的真实性进行评估，确定是否给予融资，若给予融资则确定融资额度；最后，小微企业在获得融资后即可使用资金进行生产经营，而金融机构则在应收账款到期时向核心企业收回款项。

基于核心企业的应收账款融资模式还有助于降低融资成本。金融机构更多依赖核心企业的信用而非小微企业的信用进行风险评估，使资金方在整体风险把控上处于更有利的地位，从而能够提供较为优惠的融资成本。而小微企业则可以借助这种模式，以相对较低的成本获得急需资金，进一步缓解财务压力。

应收账款融资还有助于增强小微企业与核心企业之间的关系。通过这种融资模式，小微企业对于核心企业的信用依赖度更高，促使其更加注重与核心企业的合作和维护良好的商业关系，这有助于形成稳定和长久的合作伙伴关系，对供应链的持久竞争力也具有积极意义。

金融科技的发展也为应收账款融资带来了更多的可能性。区块链、人工智能、大数据等技术的应用，可以有效提升应收账款融资的透明度和效率。这些技术手段不仅可以提高交易数据的真实性和可靠性，还能够加快融资流程，减少人为操作的风险和成本，使应收账款融资更加便捷和高效。

三、核心企业与小微企业合作模式

核心企业与小微企业的合作模式能够有效缓解小微企业融资困境，提升其在市场中的竞争力。核心企业作为供应链中的领导者和主导者，因其在资金、信息和市场等方面具备的优势，通常会吸引一大批中小微企业加入其供应链网络，通过这种形式建立稳定的合作关系。

核心企业与小微企业最基础的合作模式是商业信用模式。这种模式下，核心企业向其上下游的小微企业给予一定的信用额度，允许他们在一定期限内延后支付货款。这种模式通过延长小微企业的付款周期，减轻了其资金周转压力、提升了资金的利用效率。核心企业通常会通过应收账款融资、预付款融资和存货融资等形式帮助小微企业获取短期资金。具体来说，应收账款融资是指小微企业将其对核心企业的应收账款作为质押，从金融机构获得融资款项。预付款融资则是在小微企业向核心企业进行供货或采购时，提前收取部分货款，提升其现金流，而存货融资则是以小微企业的存货为担保进行融资。

创新的供应链金融服务模式大大提升了核心企业与小微企业的合作深度和广度。信息技术的发展和区块链等新技术的应用，使供应链金融合作模式更加高效、透明、安全。在信息技术的支持下，核心企业可以基于供应链信息平台，通过智能风控系统和数据分析，精准评估小微企业的经营状况及信用风险，从而更为灵活和安全地提供金融服务。例如，利用区块链技术，核心企业可以将交易数据上链，保证数据的真实性和不可篡改性，极大提升了小微企业的信用度，从而更容易获得金融机构的信任和融资支持。

以核心企业为纽带，小微企业可以共同构建多方协同的供应链金融生态系统。这种生态系统通过合作伙伴的紧密协作与资源共享，有效降低了供应链整体的金融风险，并优化了资金流动性。核心企业可以通过建立供应链金融平台，将银行、其他金融机构和小微企业等参与主体紧密连接起来，提供一站式的金融服务。这种模式不仅使小微企业能够享受简化、快速的融资服务，也使金融机构能够基于真实交易背景，提高风控水平，降低信贷风险。通过这种多方协同的供应链金融生态，小微企业的资金获取渠道变得多元化，融资难题得到有效解决。

核心企业与小微企业的合作模式还可以通过供应链金融创新产品来实现。例如，反向保理即是其中一种典型的合作模式。反向保理是基于核心企业信用，为其小微企业供应商提供应收账款融资的一种方式。在这一模式下，金融机构基于对核心企业的信用评估，向其供应商提供应收账款融资，从而帮助小微企业获得资金。反向保理有效缩短了小微企业的应收账款回收周期，提高了资金周转效率。

在核心企业与小微企业的合作模式中，战略协同效应不可忽视。核心企业通过其在市场中的影响力和资源整合能力，帮助小微企业获取更多的市场资源与商业机会。这一过程中，核心企业往往具有丰富的市场信息和技术储备，可以为小微企业提供战略指导及技术支持，促成产业链上下游的协同创新。例如，核心企业可以通过与小微企业的技术合作、人才培养计划以及市场推广协同等方式，共同研发新产品、拓展新市场，提高整体供应链的竞争力。

考虑到这些因素，核心企业与小微企业的合作模式不仅仅是一种简单的商业合作，更是深度的战略协作与价值共创。在合作过程中，核心企业对小微企业的扶持不仅是资金上的支持，还包括经营管理、市场营销、技术创新等多方面的指导。通过输出管理经验和市场资源，核心企业可以帮助小微企业提升整体运营能力和市场竞争力，形成共赢的合作局面。例如，核心企业可以建立专项扶持基金，专门用于支持供应链上下游小微企业的创新与发展。核心企业通过专项基金的资助，促进小微企业在技术研发、市场推广等方面的创新，增强其可持续发展能力。

四、核心企业的信用传递作用

核心企业的信用传递作用是解决小微企业融资难题的关键。这一机制通过核心企业的信用担保和信用传递，在供应链体系内部建立起一种信任链条，使资金从金融机构流向小微企业，成功突破了传统融资模式下的困境。

供应链金融模式依赖于核心企业，因为核心企业在供应链中占据强势地位，具备较高的信用评级和稳定的现金流。在供应链运作过程中，金融机构往往面临信息不对称的难题，很难准确评估小微企业的信用风险，从而导致小微企业难以获得银行贷款。核心企业作为供应链中的"关键节点"，自然而然成为重要的信用中介。由于核心企业通常具有对供应链上下游的控制能力和管理权限，其信用评级和财务稳定性可以为上下游企业提供担保，从而增强小微企业的信用级别。

这种信用传递的作用可以通过多种具体的供应链金融工具来实现，如应收账款融资、预付款融资和存货融资等。在应收账款融资模式下，小微企业可以将其对核心企业的应收账款作为质押物，将应收账款出售给金融机构或进行质押，以获取所需资金。这些应收账款的偿还能力主要依赖于核心企业的信用，金融机构可以更放心地向小微企业提供贷款，因为它们知道核心企业的偿债能力要比小微企业稳定许多。

在预付款融资模式中，金融机构会根据小微企业与核心企业签订的采购合同，向小微企业预付部分货款。核心企业的参与在很大程度上打消了金融机构对小微企业还款能力的顾虑，因为合同的执行和货款的最终支付由核心企业保证，金融机构实际面对的风险更偏向于核心企业的信用风险，而非小微企业。

存货融资模式也充分体现了核心企业信用传递的作用。在这种模式中，小微企业将存货作为质押物向金融机构申请贷款。由于核心企业通常拥有对这些存货的采购权，并承诺在特定条件下进行回购或购买，金融机构在评估存货价值和还款保障时，更倾向于依赖核心企业的信用评价。核心企业的参与不仅提高了存货的流动性，还增强了存货融资的安全性和可靠性，使金融机构能够更放心地提供融资服务。

核心企业的信用不仅在实际的金融交易过程中起到担保作用，更在无形中提升了整条供应链的信用水平和金融机构的信心。从宏观角度看，核心企业的信用传递作用有助于促进整个供应链的稳定和高效运转。随着更多金融机构和小微企业参与这种模式，供应链金融生态圈将不断扩展和完善，提升全行业的信用水平和资金流动速度。在这个过程中，核心企业的信用传递作用不仅限于单一企业和改善金融机构的关系，还拓展至整个商业环境的改善。

在信用传递过程中的另一个重要方面是信息的透明化和规范化。核心企业通常拥有较完善的信息管理系统和较高的企业治理水平，它们在供应链金融模式中需要提供详细透明的财务数据和交易信息，这不仅提升了自身的信用，也为上下游企业树立了良好的示范。小微企业在与核心企业合作过程中，也被动或主动地提高了自己的管理水平和信息透明度，从而使更多的企业能够参与到供应链金融体系中，形成一种良性的循环。

核心企业的信用传递不仅直接影响了金融机构的风险评估和融资决策，还间接促进了小微企业的成长和发展。在利用这种信用传递机制的过程中，小微企业更容易获得所需的生产和运营资金，从而可以专注于业务的拓展和创新，增强市场竞争力。长期来看，这种机制对提升供应链整体竞争力和市场适应能力具有重要意义。

这种信用传递机制还有一个延展作用，即在供应链金融模式下，金融机构会通过核心企业的信用传递逐渐加深对整个产业链的了解和掌控。通过对核心企业和上下游企业的深入评估，金融机构能够更精准地分析行业趋势和风险，进而优化金融产品和服务，提升资金利用效率。同时，核心企业利用自身的信用支持，不仅能够帮助上下游小微企业发展，也能够进一步巩固自己在供应链中的主导地位和市场份额。

这其中涉及的法律、政策及合同设计也非常重要。完善的政策环境和法律保障机制、有效的合同设计和履约担保措施均是确保核心企业信用传递作用的重要支撑。这些都需要政府、企业和金融机构的共同努力，通过合力推动才能真正形成良好的供应链金融生态系统。

第三节 基于物流与电商平台的供应链金融

一、物流平台在供应链金融中的作用

物流平台在供应链金融中的作用是全方位、多层次的，其通过信息共享、提高资金周转效率、降低融资风险、技术支持以及跨境服务等手段，为小微企业的融资提供了有力的保障和支持。

信息共享是物流平台在供应链金融中的关键优势之一。物流平台作为货物流动的核心节点，拥有丰富的信息资源，包括货物的存储、运输状态、交付进度等。这些信息对于金融机构和企业来说是至关重要的，通过实时掌握物流信息，金融机构可以更加准确地评估小微企业的运营状况、库存情况以及订单执行情况，从而做出更加精准的信用评估和风险判断，以降低贷款风险。此外，物流平台的信息共享还能提高供应链的透明度、加强供应链各方之间的信息互通，有助于建立起更加信任的合作关系，减少信息不对称带来的风险。

在提高资金周转效率方面，物流平台同样发挥了重要作用。传统金融模式下，小微企业通常面临资金流转缓慢的问题，尤其是在货物流通过程中，信息滞后或不透明，导致金融机构难以及时掌握企业的经营状况和融资需求，进而影响到贷款审批和资金拨付的效率。而通过物流平台与金融机构的深度合作，金融机构可基于物流信息系统提供更加灵活、高效的资金周转服务，如供应链融资、应收账款质押等。这样，小微企业可以在货物出售之前，通过物流平台提供的实时货物数据向金融机构申请融资，快速获取流动资金，缓解资金周转压力，有利于提升企业的整体运营效率。

物流平台在降低融资风险方面也具有独特作用。小微企业由于经营规模较小、抗风险能力较弱，传统银行通常对其信用风险持保守态度，从而融资难、融资贵。然而，物流平台能够提供详尽的物流轨迹和状态信息，金融机构通过这些数据可以监控货物的动向和实际价值，对于物权质押、库存融资等业务提供了强有力的风险控制手段。具体而言，物流平台的实时监控功能能够帮助金融机构及时发现和预警潜在的风险事件，例如货物损坏、丢失等，进而采取紧急措施保全融资款项。通过构建这样的风险控制体系，金融机构可以更加放心地提供金融服务，小微企业的融资难题也能得到有效解决。

从技术支持的角度来看，物流平台在供应链金融中同样显示出了强大的拓展潜力。现代物流平台依托先进的物联网、大数据以及区块链等技术，不仅可以实现货物的全程追踪和信息实时更新，还能够通过大数据分析和智能算法，对小微企业的经营模式、市场需求和信用风险进行深度分析和预判，为金融机构提供全面、精准的风险评估报告，助力其做出更科学的融资决策。此外，区块链技术在物流平台的应用，能够实现数据的高度透明和不可篡改，确保物流信息的真实可靠，为供应链金融的信用基础提供了技术保障。通过技术手段的不断创新和提升，物流平台与金融机构之间的合作也将得到进一步深化。

不仅如此，物流平台还在帮助下游企业，尤其是小微企业，快速获取融资方面起到了桥梁作用。在供应链中，上游企业（如原材料供应商）与下游企业（如终端制造商或经销商）之间的资金流动往往需要一定的时间周期，物流平台通过提供快捷、透明的物流信息，使下游企业可以在物流信息的支持下，凭借尚未结算的货物或服务，迅速向金融机构申请融资。这样一方面加快了下游企业的资金回流速度，确保其正常运营；另一方面也使整个供应链的运作更加高效和稳健。

物流平台在跨境贸易中的作用也不可忽视。随着全球贸易量的不断增长，跨境小微企业融资需求日益旺盛。物流平台通过连接全球各地的物流节点，收集和整理全球范围内的物流数据，可以为跨境贸易提供全程可视化的物流服务。这些跨国物流信息不仅可以帮助金融机构更好地了解跨境小微企业的运营动态，还能为其提供可靠的融资依据，推动跨境供应链金融业务的发展。有了跨境物流平台的支持，小微企业能够更加顺畅地参与国际市场竞争，提升其全球竞争力。

二、电商平台在供应链金融中的应用

电商平台的崛起和普及，为供应链金融提供了新的路径和机遇，有效缓解了小微企业的融资约束。电商平台具有强大的数据积累和分析能力，使其在供应链金融中发挥着独特而重要的作用。通过大数据技术、区块链技术、人工智能等，电商平台能够精准地评估小微企业的资信情况，为其提供定制化的金融服务，提升融资效率和透明度。

电商平台拥有大量的交易数据和客户数据，这不仅包括每一笔交易的金额和商品种类，还涵盖了用户的信用记录和行为习惯。这些数据形成了电商平台的核心竞争力，使其在供应链金融中具备独特的优势。通过数据分析，电商平台能够有效地评估小微企业的经营状况和潜在风险，从而为金融机构提供精准的风险评估和信用评级。这样的数据支持，使金融机构能够对小微企业给予更高的信用额度和更低的贷款利率，从而缓解小微企业的融资困境。

电商平台能够通过在线交易记录和信用积分，建立起对小微企业信用状况的准确评估模型，从而实现精准的授信。与传统金融机构不同，电商平台可以实时监控企业的交易情况和资金流动，及时发现潜在的风险。这种实时监控和动态调整的特点，使电商平台在面对市场波动和企业经营变化时，能够迅速反应并做出调整，极大地降低了金融机构的风险。

电商平台还通过供应链上的其他参与者来扩大金融服务的覆盖范围，实现供应链金融的多样性。电商平台不仅连接了上游供应商和下游分销商，还连接了物流公司、仓储公司等各种服务提供者，通过整合这些资源，电商平台能够为小微企业提供全面的金融服务。例如，通过与物流公司合作，电商平台能够实现仓单质押贷款，解决小微企业在货物流转中的资金需求；通过与保险公司合作，电商平台能够提供信用险服务，降低小微企业的违约风险，提升其融资能力。

电商平台在供应链金融中的应用，还依赖于先进的技术支持。区块链技术在数据的存储和传输中发挥了重要作用，通过区块链技术，电商平台能够实现数据的透明和不可篡改，提高了供应链金融的安全性和可信度。借助区块链技术，电商平台能够构建去中心化的金融体系，使每一笔交易记录都能够被追溯和验证，从而防范数据造假和欺诈行为。这不仅提升了小微企业的信用评级，也增强了金融机构的信任感。

人工智能技术在供应链金融中的应用也不可忽视。通过机器学习和智能算法，电商平台能够更加精确地预测市场需求和企业运营状况，从而优化金融服务。例如，通过分析历史交易数据和市场趋势，人工智能可以为小微企业提供个性化的融资方案，提高资金的使用效率。同时，人工智能还能实时监控小微企业的经营变化，及时调整金融服务的策略，提高风险控制能力。

电商平台在供应链金融中的应用，不仅极大地提升了小微企业的融资能力，还促进了整个供应链的健康发展。电商平台通过提供灵活的融资方案和快捷的金融服务，可以帮助小微企业缓解资金压力、增强市场竞争力。随着市场的不断变化，电商平台还能够根据实际需求，开发出更多创新的金融产品和服务，满足小微企业多样化的融资需求，实现共赢发展。

电商平台在供应链金融中的应用还推动了金融科技的创新和发展。通过不断引入新的技术和优化金融服务流程，电商平台形成了一套高效、透明、安全的金融体系。这不仅提升了供应链金融的整体水平，也为传统金融机构提供了借鉴和参考。借助电商平台的经验，传统金融机构可以优化其金融服务模式，提高对小微企业的服务能力，进一步推动普惠金融的发展。

电商平台在供应链金融中的应用，对政策的制定和监管提出了新的要求。为了保障供应链金融的健康发展，政府和监管机构需要对电商平台的运营模式、数据使用和金融服务进行规范和引导。制定合理的政策和监管措施，可以促进电商平台和金融机构的合作，推动供应链金融的可持续发展。同时，政策制定和监管还应关注数据隐私保护和信息安全问题，确保在供应链金融服务中，用户的数据得到充分保护，防范潜在的风险。

三、物流平台与电商平台的协同效应

物流平台与电商平台的协同效应不仅表现在提高效率、降低成本方面，还体现在风险管理与资源优化配置等多个层面。物流平台与电商平台作为供应链金融的两个重要组成部分，其协同效应的发挥能够显著缓解小微企业的融资约束，提升其在市场中的竞争力。

物流平台与电商平台的协同效应能够实现信息共享与系统集成，提高整个供应链的透明度与效率。在传统的供应链中，"信息孤岛"现象十分普遍，物流信息、交易信息和金融信息往往分散在不同的系统中，无法实现实时共享和有效整合。这导致各种信息无法及时传递，进而影响小微企业的融资效率和供应链运行的整体效率。而在物流平台与电商平台协同作用下，通过大数据和云计算技术，各方可以实时共享相关数据，形成统一的数据链条，从而大大提高了信息传递的速度和准确性，有效降低了信息不对称带来的风险。

物流平台与电商平台的协同能够大幅降低供应链成本。物流平台通过优化运输路径、提高装载率和仓储利用率，可以有效减少运输和仓储成本，提升物流效率。而电商平台可以通过精确的市场需求预测、智能仓储管理和定制化服务，减少库存积压和相关管理成本。双方协同配合，通过整合资源、优化流程，可以实现供应链各环节的无缝对接，从而大幅降低整体供应链成本，使小微企业能够以更低的成本更高效地进行运营。

在风险管理方面，物流平台与电商平台的协同效应也具有重要意义。通过物流平台的实时追踪系统，可以对物流过程中货物的状态进行实时监控，确保货物的安全与完整。在此基础上，电商平台可以根据交易数据、信用记录和物流信息等多维度的数据进行综合分析，建立完善的风险评估模型，为小微企业的融资提供更加准确的风险评估和信用评级。这种多维度的风险管理机制，能够有效减少贷款风险，提高金融机构对小微企业的放贷意愿，从而解决小微企业的融资难题。

物流平台与电商平台的协同效应还体现在资源优化配置方面。在信息共享和系统集成的基础上，物流平台与电商平台能够更好地了解市场需求和供给情况，灵活调配和利用各类资源。例如，物流平台可以根据电商平台的销售数据及市场需求预测，动态调整运输和仓储资源，确保货物能够及时、准确地送达消费者手中。同时，电商平台也可以根据物流平台提供的运输和仓储资源情况，调整商品的销售策略和库存管理。通过这种资源的优化配置，供应链的整体运行效率和反应速度得到了提升，使小微企业能够更好地满足市场需求，提升其市场竞争力。

物流平台与电商平台的协同效应还能够在供应链金融的创新模式中发挥重要作用。例如，基于物流平台与电商平台的数据和技术优势，可以发展应收账款质押融资、预付款融资、存货质押融资等多种新型供应链金融服务。这些创新的供应链金融模式，不仅能够丰富小微企业的融资渠道，还能够根据企业的不同需求提供个性化的融资方案，提高融资的灵活性和便利性，进一步解决小微企业的融资约束问题。

物流平台与电商平台的协同效应对小微企业的融资具有多重积极影响。在信息共享和系统集成、成本降低、风险管理和资源优化配置等方面，物流平台与电商平台的协同作用能够显著提高供应链的整体效率和透明度，降低企业运营成本和融资风险，为小微企业提供更加便利和高效的融资服务。这种协同效应不仅在现有的供应链金融模式下具有显著的优势，而且在未来新型供应链金融模式的创新和发展中也将继续发挥重要作用。为此，要鼓励和支持物流平台与电商平台在技术合作、数据共享和资源整合等方面进行更多的探索与实践，共同推动供应链金融的持续创新和发展，更好地服务于小微企业的融资需求。

四、平台大数据在风险控制中的应用

平台大数据在风险控制中的应用是新型供应链金融模式中的关键创新之一。大数据技术的广泛应用，不仅有效提升了供应链整体的运作效率，还显著提升了风险控制的效果。基于物流平台与电商平台的大数据，可以对小微企业的融资风险进行全面评估，从而解决其融资难题。

大数据在风险控制中的应用首先体现在信息的广泛收集与深度分析上。传统金融机构很难获取小微企业的全面信息，导致其风险评估不准确，进而影响融资决策。而通过物流平台与电商平台，可以实时收集小微企业的交易数据、物流数据、库存数据以及客户评价等，形成一个全方位的信息流。通过这些数据，可以深入了解小微企业的经营状况、财务健康度以及市场表现，极大地解决了信息不对称的问题，提高了风险评估的准确性。

其次，在信息收集的基础上，大数据技术还能够进行深度分析与挖掘。先进的算法和模型，可以对收集到的数据进行多维度分析，揭示数据背后的潜在风险。例如，通过分析销售数据与市场需求数据，可以判断企业的产品是否具有市场竞争力，进而预测其未来盈利能力；通过物流数据，可以了解企业的供应链稳定性，评估其在面临供应链中断或延迟时的应对能力；通过客户评价数据，可以了解市场对企业产品和服务的满意度，判断企业在市场中的声誉和信用。这些分析结果都为风险控制提供了科学的依据。

再次，在风险预警方面，大数据可以通过实时监控和预警机制，及时发现潜在风险并采取应对措施。例如，通过对库存数据的动态监控，可以及时发现库存积压或短缺问题，避免库存管理不善导致的资金链断裂；通过交易数据的实时分析，可以及时识别不正常交易行为，防范诈骗和欺诈风险；通过物流数据的实时跟踪，可以快速反应物流中的异常情况，防止因物流延误或丢失造成的经济损失。这种实时监控与预警机制，使风险防范的反应速度大大提高，有效降低了小微企业的运营风险。

从次，大数据技术的应用不仅在风险控制上，还可以通过数据驱动优化风险控制策略。这包括通过数据分析制定更加合理的融资决策。例如，根据小微企业的历史交易记录和信用记录，可以制定个性化的融资方案，提高资金使用效率；通过动态调整信用评估模型，可以根据市场变化及时调整风险评估标准，保持风险控制的灵活性和有效性。

最后，大数据技术在风险控制中的应用还体现在加强了供应链的透明度和协同性。通过数据共享与协同，可以实现上下游企业间的信息互通，增强供应链整体的风险控制能力。例如，通过共享物流数据和库存数据，上游供应商可以实时了解下游企业的需求变化，及时调整生产计划，降低供需失衡带来的风险；通过共享交易数据和信用信息，上下游企业可以共同参与信用评估和风险管理，形成供应链共同体的风险防范机制。这种基于大数据的供应链协同，有助于打造一个更加稳定和可靠的融资环境，为小微企业创造更多的融资机会。

在具体应用案例中，一些领先的物流与电商平台已经通过大数据技术成功实现了风险控制。例如，某大型电商平台通过实时监控和分析商家的销售数据、评价数据、退款数据等，建立了一套完善的信用评估体系，对商家的经营风险进行精准评分，基于评分结果提供相应的金融服务。这不仅有效降低了坏账风险，还显著提升了融资服务的覆盖面和效率。类似地，一些物流平台通过大数据分析建立了物流企业的信用档案，对物流环节中的风险提前预警，为物流企业提供了更加便捷和安全的融资途径。

五、基于平台的创新融资模式

基于平台的创新融资模式是现代供应链金融中的一个重要领域，这一模式通过借助物流与电商平台实现对小微企业的融资支持，有效缓解了它们在传统融资渠道中的困扰，使小微企业在资金流动性上获得了更大的灵活性和保障。具体来说，这一创新模式扎根于物流与电商平台特有的数据流、信息流、资金流和物流"四流合一"的特征，从而打造出覆盖上下游的完整融资解决方案。

物流与电商平台的特点使它们在供应链金融中具备得天独厚的优势。这些平台集成了大量的交易数据和用户行为数据，通过大数据分析能力，这些平台能够精确评估小微企业的信用状况与经营能力，从而减少了信息不对称问题。传统金融机构在评估小微企业信用状况时往往依赖于财务报表和历史信用记录，这些数据的取得和分析成本高昂且周期较长。而基于电商平台的数据分析能够实时、高效地完成信用评估，同时还可以捕捉到小微企业的动态经营情况，确保金融服务能够及时响应企业的实际需求。

在具体操作中，基于物流与电商平台的融资模式主要包括订单融资、应收账款融资、仓单融资和供应链金融票据等方式。订单融资是指企业在平台产生订单后，向金融机构申请贷款，平台通过对订单真实性和企业履约能力进行评估，为企业提供信用背书。这样的模式不仅显著缩短了融资周期，同时也提升了融资效率。应收账款融资则基于企业在平台的应收账款，金融机构通过平台的严格管理和追踪功能，能够有效掌控风险，对于小微企业来说，这种融资模式打破了传统应收账款变现困难的局限。

仓单融资模式则是基于企业所持有的仓单，利用仓单的实物担保性质，使金融机构在评估与放贷过程中风险可控。物流平台提供的仓储服务使这些仓单具有透明性和高可靠性，进一步优化了信贷决策流程。供应链金融票据也基于电商平台的交易数据，通过平台提供的票据工具和信用增进服务，小微企业能够以较低成本获得资金支持。

这些融资模式的创新点不仅在于技术层面的突破，更在于商业生态系统的构建。物流与电商平台作为一个生态系统，连接了供应链上下游的各个环节，形成了一个互利共赢的局面。上游供应商、物流服务商、销售平台乃至终端消费者在这个生态系统中都得到了高效协作和信息共享，通过平台的信用体系，信任问题得到有效解决，资金流更加顺畅。此外，平台还通过智能合约、大数据风控、区块链等技术手段，提升了整个供应链的透明度和可追溯性，进而增强了金融机构参与供应链金融的信心。

平台提供的智能合约技术在这一过程中起到重要作用，一旦交易条件触发，合同自动执行，从而减少了人工干预和操作风险。智能合约还能够大幅提升合同执行的效率和可信度，提高了整个链条的运行速度。此外，大数据风控技术通过对海量数据的挖掘和分析，构建出多维度的风险画像，并制定相应的风险预警和控制策略，从而提高信贷风控的精细化程度。区块链技术则通过去中心化、不可篡改的特性，保障了交易数据的真实性和完整性，为供应链金融提供了可靠的基础设施。

电商平台的数据智能化服务进一步扩展了小微企业融资的可能性。通过对企业在平台上的交易数据进行深度挖掘，平台可以生成企业信用评分，这一评分体系在金融机构中得到普遍认可，中小企业能够更容易地获得信用贷款。此外，平台还为小微企业提供金融产品的定制化服务，根据企业特定的经营周期、现金流特点和资金需求，设计个性化的金融方案。这样的服务不仅提升了小微企业的融资效率，还降低了融资成本。

第四节　区块链技术在供应链金融中的应用

一、区块链技术基本原理

区块链技术作为一种分布式账本技术，对供应链金融具有深远的影响。在深入理解区块链技术在供应链金融中的应用前，有必要先了解其基本原理。

区块链技术是一种去中心化的分布式账本技术，它通过点对点网络、多种加密算法和数据结构，不仅保证了数据存储和传输的安全及可靠性，还实现了数据的不可篡改性和透明性。区块链系统由多个节点组成，这些节点共同记录和维护整个网络的交易数据。每一个节点都保存了一份完整且相同的账本副本，因而系统具有较强的抗攻击和容灾能力。

区块链的核心技术之一是共识机制。共识机制是确保分布式系统内各个节点对某一状态的共同认知，并且去中心化是解决数据一致性的关键。其中最为人知的共识机制包括工作量证明（PoW）、权益证明（PoS）和拜占庭容错（BFT）等。工作量证明机制要求参与节点进行复杂的计算以解决特定的数学难题，通过这种方式来达成共识。权益证明机制则是通过节点所持有的区块链币的数量和时间来决定记账权。拜占庭容错机制则是基于算法和信息传递来完成共识，无须进行大量的计算工作。

智能合约是区块链技术中的另一项重要技术。智能合约是一段运行在区块链上的代码，能够自动执行合同条款。其执行过程是不可篡改且透明的，因而具备自执行和高效性的特点。在供应链金融中，智能合约可以用来自动化和简化融资合同的处理过程，提高效率，减少人工干预，降低操作风险。例如，基于智能合约的自动支付机制可以在货物到达确认后即时触发货款支付，极大提升了资金流通速度。

区块链技术还有一个显著特点是其不可篡改性。区块链上的数据一旦写入，几乎无法篡改。这是因为每一个区块都包含了前一个区块的哈希值，篡改任何一个区块的数据都会导致链上所有后续区块的哈希值改变，因而需要同时控制超过全网51%的计算能力才能完成篡改。区块链这一特性在供应链金融中显得尤为重要，它能确保交易数据的真实性和完整性，防止假账和欺诈行为的发生。

区块链技术的透明性也是不可忽视的一点。所有节点都可以查看区块链上的全部交易数据，这种透明性提高了系统的公信力。供应链金融涉及多个参与方，通过区块链技术，每个参与方都能实时查看交易信息和资金流向，大大增强了交易过程中的信任度，降低了信息不对称带来的风险。

区块链的安全性也值得特别关注。区块链采用了多种加密算法，如哈希函数、非对称加密和数字签名等，确保数据在传输和存储过程中的机密性和完整性。尤其是在供应链金融这种多方参与的复杂系统中，数据的安全性和隐私保护尤为关键，通过区块链技术可以有效防止数据泄露和未经授权的篡改。

区块链的去中心化特点是其最具革命性的特点之一。传统的供应链金融系统往往依赖于一个中心化的机构进行信息的处理和传递，这样的机制容易产生单点故障，并且可能引发参与各方对中心化机构的过度依赖问题。区块链通过去中心化的方式，消除了对中介机构的依赖，使每个节点都能平等地参与数据验证和记录，从而提高了系统的稳健性和韧性。

二、区块链技术在供应链中的应用场景

区块链技术作为一种新兴的分布式账本技术，以其去中心化、不可篡改和高透明度等特性，正在逐步渗入供应链金融领域，尤其是在提升供应链的透明度、降低交易成本和增加信任机制等方面展现出独特的优势。区块链技术的本质在于通过加密算法和共识机制，确保所有参与者共享一致的账本，从而提高数据的可信度和安全性。这种技术在供应链中的应用场景非常广泛，能够为供应链各个环节的改进与优化提供有力支持。

区块链技术在供应链金融中的一个显著应用场景是应收账款的融资。在传统的应收账款融资过程中，信息不对称和信用风险是主要挑战，导致融资难度大、效率低下。而区块链技术的介入可以使应收账款的生成、流转和使用信息在全链路上得以记录和共享。在这种模式下，每一笔应收账款的真实性和合法性都能够得到有效验证，使银行或金融机构可以放心地为相关企业提供融资，从而有效解决小微企业的融资难题。

在物流追踪和溯源方面，区块链技术也具有广阔的应用前景。区块链可以将物流过程中的每一步操作，如货物的生产、运输、仓储等节点信息记录在链上，形成一个可追溯、不可篡改的全程记录。当供应链中的某一环节出现问题时，相关各方可以迅速追溯到具体的责任节点，从而增强产品的质量控制和责任追究能力。这对于食品、医药等对安全和真伪要求较高的行业尤为重要，能够有效防范假冒伪劣产品流入市场，提高供应链整体的可控性和透明度。

区块链技术还能够在合规管理和风险防控方面发挥重要作用。在国际贸易和跨境电商领域，由于涉及多个国家和地区的法律法规，供应链的合规性复杂而多

变。区块链技术，可以将各项合规要求实时记录和更新，确保每一个跨境交易节点都符合相应的法律法规。此外，区块链的智能合约功能能够自动执行和监督合同条款，减少人为操作的风险和误差，提高合同履约的效率和准确性，从而降低整体风险。

在提高供应链金融中的信用评级和信任机制方面，区块链技术也展现出独特的价值。传统信用评级依赖于第三方机构，存在效率低、成本高以及数据获取不完整的问题。区块链可以透明化企业的经营数据、交易记录等关键信息，使各方可以基于更加全面和真实的数据进行信用评估。特别是在小微企业融资中，区块链技术能够打破信用壁垒，使金融机构可以更多地依赖数据分析，而不是传统的信用评价模型，从而为信用评级提供了新的路径和方法。

供应链金融中的资金流通也可以通过区块链得到优化。在传统的资金流通过程中，涉及多个中介和烦琐的审核程序，导致资金流转时间长、效率低。而采用区块链技术的分布式账本和智能合约，则可以大幅简化这些流程，实现资金和信息的实时同步，减少中间环节，加快资金的流转速度。这对于需要快速周转资金的小微企业而言，无疑是极大的福音，同时也能够降低金融机构的运营成本，提升融资效率。

区块链的去中心化特点使多方协作成为可能。在供应链中，往往涉及多个利益相关方，如原材料供应商、制造商、分销商、零售商和消费者。通过区块链技术，这些参与方可以在一个公正、透明的平台上进行信息交换和协同操作，每个参与方的操作记录都能被实时共享和验证，从而提升整个供应链的协作效率和数据准确性。同时，去中心化的模式避免了单点故障，提高了系统的稳健性和抗风险能力。

在库存管理方面，区块链技术同样具有重要的应用潜力。区块链技术可以实现对库存信息的实时监控和更新，优化库存管理策略。对于供应链中的各个节点，如生产厂家和零售商等，实时了解库存状态和需求信息，有助于精确生产计划和采购计划，减少库存积压，提高资源利用率和响应速度。这不仅可以降低库存成本，还能增强市场竞争力。

区块链技术还在供应链融资产品的创新中起到促进作用。例如，基于区块链的供应链金融平台可以推出共享货权融资、动态保理等新型产品。这些金融产品利用区块链的特性，使货物的所有权、质押状态等信息透明化、不可篡改，从而能够更有效地防控风险，并为小微企业提供更多灵活的融资选择。

三、智能合约在供应链金融中的作用

智能合约在供应链金融中的作用尤为显著，它基于区块链技术，能够实现自动化、透明化和高度可信的操作，革新了传统供应链金融模式。智能合约是一种位于区块链上的自执行合同，内含编码的规则和协议，这些规则和协议在满足预设条件时会自动执行。这个特性使智能合约在供应链金融中的应用具有巨大潜力。智能合约的自动执行特性能够显著降低操作成本和金融风险，提高供应链效率，增强小微企业的融资能力。

在供应链金融中，一项核心任务是对供应链各环节的金融活动进行管理和协调。在传统模式下，这种管理需要大量的人工工作和复杂的流程，金融机构需要花费大量时间和资源来审核每一个环节的操作和记录，从而确保交易的真实性和合法性。而智能合约通过预先编写的协议和规则，在满足相应条件时自动执行，从而大大减少人工干预，实现金融活动的全自动化运作。比如，当货物从供应商运送到采购方，并确认到货后，智能合约可以自动触发付款，省略人工确认和审批的步骤，降低人为错误和欺诈风险。

供应链中涉及的参与方众多，包括供应商、制造商、分销商、零售商和金融机构等。为了保证各方的权益，传统金融中需要中介机构进行监督和协调，过程烦琐且效率较低。而区块链技术的分布式账本可以记录供应链每一个环节的交易情况，所有参与方均能访问和验证交易记录，确保信息的透明和不可篡改。在此基础上，智能合约的应用增加了抵押和担保机制的安全性和执行效率。例如，可以设立自动化的应收账款融资智能合约，一旦买方确认收到货物并且智能合约验证货物信息无误后，卖方便可以立即从金融机构获得预定款项，无须经过烦琐的信用审核流程。

智能合约对于信贷风险管理的提升也是其在供应链金融中的一个重要作用。传统信贷评估依赖于大量的历史数据和信用评分，但对于许多小微企业来说，这些数据可能并不完备或者准确。智能合约能够将物联网设备、生产设备的数据整合到区块链上，并通过数据实时监控企业的生产和销售情况，自动判断企业的经营状况，从而实现更加科学的信贷评估和风险控制。在这一过程中，金融机构可以通过智能合约制定自动化的风险预警和应对机制，一旦出现风险信号，智能合约可以立即采取措施，降低信贷风险。

融资方面，智能合约能够提供更安全和高效的股权和债权融资解决方案。通过智能合约，融资人的股权或债权信息可以直接上链，投资者可以通过智能合约查看企业的经营状况和信用信息，并进行自动化的投融资操作。这样的模式减少了中间环节、提高了融资效率，同时也降低了融资成本。例如，可以设计一种基于智能合约的供应链金融平台，企业可以在平台上发布融资需求和信息，投资者通过智能合约进行尽职调查和投资，所有交易和资金流动都在智能合约框架内自动执行和监管，确保了透明性和安全性。

供应链金融中资金流动的透明和追踪也是智能合约的突出优势之一。由于供应链涉及多方参与，资金从一个环节流动到下一个环节往往需要多个确认步骤，传统模式下存在资金滞留、资金使用不透明等问题。而基于智能合约的资金流动管理系统，可以追踪每一个资金流动环节并确保资金使用的透明和合规。一旦资金链中的某个节点出现问题，智能合约可以即时响应并启动协调机制，保证整个供应链的资金流动不会中断，从而保护各方利益。

智能合约还具有极大的拓展性和灵活性，可以根据供应链金融不同场景的需求，设计不同的合约机制，实现定制化的金融服务解决方案。例如，在国际贸易中，智能合约可以自动化处理国际结算、关税计算及清关等烦琐流程，减少人工操作带来的延迟和错误。同时，还可以结合人工智能和大数据技术，通过学习和分析供应链数据，优化合约条款，进一步提高供应链效率和安全性。

四、区块链技术在风险控制中的应用

区块链技术凭借其去中心化、不可篡改、透明性和可追溯性等特性，为供应链金融的风险管理提供了一种新的技术解决方案，有效解决了传统供应链金融中存在的诸多风险问题。

区块链技术的去中心化机制使所有参与者都可以共同参与到供应链金融的管理中，消除了对单一中心化机构的依赖。传统的供应链金融中，对于信息的采集、存储和审核往往依赖于金融机构，从而导致了信息不对称、效率低下等问题。而在一个去中心化的区块链网络中，各节点共同维护一个分布式账本，所有交易和信息都是公开透明的。这样不仅能提高信息的透明度，还能增加数据的可靠性和可信度，降低金融机构审核过程中的不确定性与风险。

区块链不可篡改的特性也是在供应链金融风险控制中极为重要的一个方面。每一笔交易、每一条信息一旦被记录在区块链上，就无法被更改或删除，确保了数据的完整性和真实性。对于小微企业而言，这种不可篡改的记录不仅可以保护其商业信用，还可以减少信用问题导致的融资困难。金融机构则能够更加放心地依据这些数据进行风险评估，从而降低信息不实导致的信用风险。

区块链技术的透明性有助于构建一个更加可信赖的金融生态系统。在供应链金融中，资金的流向、交易的每一个环节都可以被清晰地看到，这样能有效防止资金的滥用和转移的风险。对于供应链中的每一个参与者，如生产商、供货商、物流公司和银行等，各自交易记录都在区块链上透明可见，这使资金流、物流和信息流在供应链中的每一个环节都可追溯。通过透明的记录体系，金融机构能够实时监控资金的使用情况，并对异常行为进行快速反应，提高风险防控能力。

智能合约是区块链技术中一个极具创新性的应用，它在供应链金融中也起到了重要作用。智能合约是一种自执行的合同，条款和协议一旦达成，系统会在符合条件的情况下自动执行，大大减少了人为干预和操作的风险。通过智能合约，供应链金融中的交易可以进行自动化处理，当预设的条件满足时，系统会自动执行相应的交易操作，如自动付款、自动结算等。这样既保证了合同履行的可靠性，也减少了操作风险和违约风险。

区块链的可追溯性使每一笔交易或操作都是有迹可循的，为发现和追溯风险事件提供了重要的技术手段。当在供应链金融中出现问题时，区块链提供的详细、不可篡改的交易记录可以帮助快速查明问题的根源，并及时采取补救措施。同时，可追溯功能还能够协助金融监管机构进行有效的监管，确保企业经营活动的合法性和合规性。

第五节　新型供应链金融的风险评估

一、新型供应链金融的主要风险类型

新型供应链金融作为一种新型的金融服务模式，通过供应链上的核心企业，整合上下游中小微企业的资金需求，为小微企业提供融资支持。然而，供应链金融在实践过程中也面临着诸多风险，需要通过全面的风险评估加以识别和管理，才能确保金融服务的稳定运行。供应链金融的主要风险类型可以从以下几个方面详细展开，包括信用风险、操作风险、市场风险、法律风险、系统性风险、操作流程风险以及信息技术风险。

信用风险是供应链金融面临的主要风险之一。它是指由于借款企业或供应链参与方无法按时足额履行到期债务或合同规定的其他义务，可能产生的损失风险。在供应链金融中，小微企业因其财务透明度低、抗风险能力弱，信用风险尤为突出。核心企业的信用状况也至关重要，一旦核心企业出现经营问题，整个供应链内的交易安全和稳定性都会受到严重影响。因此，需要通过对企业财务状况、历史信用记录、经营能力等进行全面评估和监控，以降低信用违约风险。

操作风险同样是不可忽视的重要风险类别。包括人为操作失误、系统故障、欺诈行为等导致的风险。操作风险可能源于员工的疏忽、错误决策或者内外部的欺诈行为。由于供应链金融涉及多个环节和多种操作，包括货物验收、合同签订、资金流转等，每一个环节的操作失误都可能对供应链金融的正常运行产生严重影响。这就要求在风险管理过程中，制定严格的操作规程，进行必要的培训和指导，加强内部控制和监督，减少由操作失误带来的风险。

市场风险是指市场条件的变化，如利率、汇率、商品价格等波动，导致企业财务状况恶化，从而影响其偿债能力的风险。在供应链金融中，市场风险也表现为原材料价格波动、市场需求的变化以及行业竞争格局的变化等可能对小微企业造成的影响。如果市场环境发生重大变化，可能会打破供应链的平衡，导致上下游企业的经营压力增大，融资能力下降。因此，需要密切关注市场动态，调整供应链金融产品的策略和结构，以减小市场波动带来的风险冲击。

法律风险主要是指法律法规或者政策变化而导致的风险。供应链金融涉及复杂的合同关系和多方的利益要求，如果合同条款不明确或法制环境发生变化，可能对供应链金融的稳定运行产生不利影响。例如，合同的无效或争议、法律法规的修改、新的监管政策出台等，都可能会增加供应链金融的法律风险，为此，需要加强法律审核，规范合同条款，做好风险防范和预案。

系统性风险是供应链金融在复杂经济环境中可能面临的整体性风险，这种类型的风险往往超越单个企业或个别供应链环节的控制，在金融市场的不确定性增加、宏观经济形势改变、国际贸易环境冲突等大背景下，其可能导致整个供应链金融体系的动荡。为防范系统性风险，供应链金融应建立多层次的风险防控机制，保持高度的市场敏锐度，并建立应急预案，以应对突发性经济或金融事件的影响。

操作流程风险涉及供应链金融各环节操作流程的规范和优化。如果流程设计不合理或管理不当，可能导致操作不畅乃至系统性失效。流程风险主要包括供应链金融的审批流程、日常监督流程、风险预警流程等，任何一个环节的疏漏或设计缺陷都可能为其他风险种类的发生提供温床。需要对操作流程仔细梳理、优化和监控，在反复实践中不断完善，确保每一环节的有效衔接和高效运行。

信息技术风险是现代供应链金融中不可避免的一类风险，由于供应链金融高度依赖信息技术和数据平台，信息技术的安全性直接影响金融服务的稳定性和持续性。信息技术风险包括数据泄露、系统故障、网络攻击等多种形态，特别是在大数据、云计算、区块链技术广泛应用的背景下，信息技术风险的防控显得尤为重要。需要建立完善的网络安全防护机制，定期进行系统升级和安全检查，并设立信息技术的应急响应机制，以确保信息系统的安全和稳定运行。

二、风险评估的基本方法

风险评估的基本方法是新型供应链金融在缓解小微企业融资约束过程中不可或缺的重要环节。风险评估的目的是通过定性和定量分析，识别潜在的风险因素，衡量风险的严重程度和可能性，从而为决策提供科学的依据，并通过合理的风险管理策略，降低或消除风险，实现供应链金融的稳健发展。

　　风险评估的方法有多种，其中常见的包括定性评估、定量评估以及二者的结合应用。定性评估方法主要是通过专家判断、内部控制体系评估以及情景分析等方式，对潜在的风险因素进行识别和分析。专家判断通常依赖于行业专家和业务主管的专业知识和丰富经验，通过对市场、政策、企业运营等方面的综合评估，对风险的性质及其影响进行描述和判断。内部控制体系评估是指通过检查和评估企业内部控制体系的健全性和执行效果，找出内部管理中的潜在风险点，并提出改进建议。情景分析则是通过构造一系列可能发生的情景，预测在这些情景下企业可能面对的风险及其影响，帮助企业提前做出应对和调整。

　　定量评估方法则通过运用统计学、数学模型及金融工程工具，对风险进行量化分析。常用的定量分析工具包括现金流量分析、蒙特卡罗模拟、概率分析、损失分布模型等。现金流量分析通过对现金流入和流出情况的全面分析，评估流动性风险和偿债能力。蒙特卡罗模拟是一种通过计算机程序生成大量随机数，模拟不同风险因素综合作用下的结果，从而评估风险的分布及其可能性。概率分析则通过历史数据和统计方法，预测风险事件发生的概率和频率。损失分布模型用于评估不同风险事件下可能的经济损失，为风险定价和风险准备金的设定提供依据。

　　风险评估还可以综合运用定性和定量方法，以提高评估的准确性和全面性。例如，运用层次分析法（AHP）确定各风险因素的重要度，再结合模糊综合评价法进行综合评估，可以有效地弥补单纯定性或定量方法的不足。层次分析法通过构建风险因素的层次结构，将复杂的风险评估问题分解为若干子问题进行层层比较，最终确定各风险因素的相对重要度。模糊综合评价法则利用模糊数学的理念处理不确定性和模糊性，通过对风险因素和评估指标进行模糊运算，得出综合风险评估结果。

　　在具体应用中，风险评估的方法应根据新型供应链金融的特点和企业的业务实际情况进行选择和调整。例如，在供应链金融业务中，信息不对称问题导致贷款企业和资金提供方所掌握的信息不完全一致，这种情况下的风险评估需要特别注重企业真实财务状况和信用记录的评估。一方面，可以通过深入的尽职调查获取企业的真实财务数据，并结合第三方信用评级报告进行核实。另一方面，通过分析企业在供应链中的地位、与上下游企业的关系及交易历史、订单和合同执行情况等，评估其履约能力和信誉。为了客户关系风险评估，金融机构可以采用风险矩阵法，将不同客户群体和业务类型进行分类评估，以量化不同类型业务的风险程度和相应的风险管理措施，从而实施差异化管理。

在风险评估实务操作中，还需考虑外部环境变化带来的影响，特别是政策、经济、市场等宏观因素。例如，政策风险评估需要关注当前和未来政策变化可能对供应链金融业务的影响，包括监管政策、税收政策、产业政策等。经济风险评估则需分析宏观经济指标变化，如GDP增长率、通货膨胀率、利率水平、汇率变动等。市场风险评估则聚焦市场供需变化、价格波动、竞争态势等因素。这些外部因素往往具有不确定性和不可控性，对供应链金融业务的影响较大，因此在风险评估中需要高度重视，可以通过构建压力测试模型，对在不同外部环境下的业务经营状况进行模拟评估，从而提前制定相应的应对策略。

三、数据分析在风险评估中的应用

随着大数据和人工智能技术的发展，供应链金融的风险评估从传统依赖主观判断和静态财务指标，逐步转向了利用大量数据进行多维度、动态和实时的分析。这一转变不仅提高了风险评估的准确性，还使供应链金融更加高效和透明。下面将从数据获取、数据处理、数据分析模型构建和决策支持几个方面详细探讨数据分析在风险评估中的应用。

数据获取是进行风险评估的首要步骤。现代的供应链金融不再仅仅依赖于企业的财务报表、银行信用记录和行业报告，还包括大量的非结构化数据，如社交媒体信息、交易数据、物流数据和客户评价等。这些数据来源广泛，种类多样，可以全面反映企业的运营状况、市场表现和信用水平。例如，通过对交易数据的分析，可以了解企业的销售情况、应收账款的回款周期等信息；通过对物流数据的分析，可以判断企业的库存管理水平和供应链的稳定性；通过对社交媒体信息的挖掘，可以了解市场对企业产品和服务的评价，从侧面反映企业的声誉和潜在风险。

数据处理是风险评估过程中至关重要的环节。不同的数据来源和种类决定了数据处理方法的多样性和复杂性。数据清洗是数据处理的基本步骤，主要包括数据的去重、补全、标准化和异常值处理等。数据清洗的目标是提高数据质量，确保后续分析的准确性。例如，有时候企业的交易数据中可能会存在重复记录或者错误记录，通过数据清洗可以将这些无效数据剔除。此外，数据融合是一个重要环节，它将不同来源的数据进行整合，形成一个统一的数据集，为后续的分析提供基础。如将银行交易数据、物流数据和社交媒体数据进行融合，能够更加全面地评估企业的风控水平。

数据分析模型的构建是基于已处理好的数据开展的核心工作。在供应链金融的风险评估中，常用的模型包括信用评分模型、违约风险预测模型和风险预警模型等。信用评分模型通常基于回归分析、决策树、随机森林等方法，对企业的信用状况进行评估。以回归分析为例，可以根据企业的资产负债率、盈利能力、流动比率等多个维度指标，构建一个多元回归模型，从而计算出企业的综合信用评分。违约风险预测模型通常基于机器学习方法，如支持矢量机、神经网络等，通过学习历史数据中企业的违约行为，预测未来的违约风险。在构建违约风险预测模型时，可以将企业的财务数据和非财务数据融合在一起，进一步提高模型的预测精度。风险预警模型则更多地关注、识别潜在的风险信号和提前预警。例如，通过对物流数据的实时监控，如果发现企业的物流效率突然下降或者库存异常增加，风险预警模型可以及时发出警报，提示管理层采取应对措施。

决策支持是数据分析在供应链金融风险评估中的最终目的。对上述数据处理和分析模型进行构建，能够为管理者提供科学、客观的决策依据。在具体应用中，供应链金融机构可以利用风险评估结果，对不同企业进行分类管理，制定差异化的授信政策和风险控制措施。例如，对于信用评分较高、违约风险较低的企业，可以给予更高的授信额度和更优惠的融资条件；而对于信用评分较低、违约风险较高的企业，则需要加强贷前审核和贷后监控，采取更为谨慎的融资策略。此外，决策支持还可以体现在动态调整风险评估结果上。通过实时监控企业的数据变化，供应链金融机构可以及时更新风险评估结果，动态调整授信政策和风险管理措施，提高供应链金融的灵活性和适应性。

在总结数据分析在新型供应链金融风险评估中应用的过程中，难以忽略技术和业务之间的深度融合。具体而言，数据分析不仅依赖于先进的技术工具和模型，还需要深入了解供应链金融业务的特点和运作机制。只有在技术和业务的双重驱动下，数据分析才能真正发挥其在风险评估中的价值，从而有效解决小微企业融资难题。

四、风险预警机制

新型供应链金融的风险预警机制旨在识别、评估和管理存在于供应链金融交易中的各种风险。随着供应链金融模式的不断创新和发展，各种风险因素也在不断涌现，特别是针对小微企业的特殊融资需求和风险特征，建立高效的风险预警机制显得尤为重要。

了解新型供应链金融模式下的风险种类是构建有效风险预警机制的前提。供应链金融中的风险大致可以分为信用风险、操作风险、市场风险、法律风险和流动性风险。其中，信用风险主要来源于借款企业的还款能力与意愿的不确定性，这对小微企业尤为重要，因为它们通常在财务和经营上较为薄弱。操作风险则涉及供应链金融交易过程中的各个环节，包括信息不对称、操作失误等问题，这会导致系统性风险的累积。市场风险主要受宏观经济环境、市场需求变化的影响，而法律风险则与政策法规变化、合同合规性等相关。流动性风险则是指资金流动性不足的问题，可能影响整个供应链的稳定性。

风险预警机制的核心在于风险识别和监测。建立全面的风险识别体系需要运用大数据、人工智能等技术手段，从多维度分析小微企业的信用情况。整合企业的交易数据、财务报表、行业动态等信息，进行数据建模和风险评估，精准预测潜在风险。人工智能和机器学习技术可以根据历史数据和动态信息，持续更新和优化风险预测模型，使其具备更高的准确性和实时性。

在风险监测方面，可建立综合的风险监测平台，对供应链中的关键环节和参与方进行实时监控。平台可通过数据接口和信息共享，获取经营方、融资方、担保方等多方的数据，建立互联互通的信息网络。对交易行为、资金流动、合约履行等方面进行监测，及时捕捉异常信号。一旦发现偏离正常范围的行为或迹象，即时触发预警，为风险管理部门提供及时的决策支持。这样，能够有效地提前识别和防范潜在风险，保证供应链金融的稳定运行。

建立有效的风险预警模型是风险预警机制的关键环节。风险预警模型需要根据供应链金融的特性进行设计，并且在实践中不断调整和优化。预警模型可以采用多变量分析方法，通过综合考虑宏观经济指标、行业动态、企业经营状况等因素，来预测不同维度的风险水平。此外，基于机器学习的算法可以通过自我学习和调整，提高模型的准确性和适用性。尤其是针对小微企业，其数据相对分散且不全面，因此需要设计更为灵活和智能的模型，来应对复杂的风险环境。

风险预警机制还需要完善的制度保障和协调机制。首先，应当建立健全的风险管理制度，包括风险识别、评估、预警、应对等各个环节的操作规范和流程。明确各参与方的风险管理职责和权限，确保责任落实。其次，要建立有效的沟通协调机制，鼓励各方在风险信息共享、风险处置方面的合作与协调。金融机构、核心企业、供应商和中介机构需要构建起紧密的合作关系，共同应对供应链中的各种风险。最后，风险预警机制的实施需要依赖于先进的信息技术和数据库系统。因此，投入足够的资源和技术、建设强大的信息技术基础设施，也是风险预警机制取得实效的必要条件。

完善的应急处置预案是风险预警机制的重要组成部分。当风险预警系统发出警告时，如何迅速采取有效应对措施，降低风险损失，风险管理的关键所在。应急处置预案应包括风险处置的具体流程、应急人员的职责分工、资金和资源的调配措施等内容。在制定预案时，需要综合考虑可能出现的各类突发事件，进行压力测试和情景模拟，确保预案的实用性和可操作性。同时，定期培训和演练应急预案，使相关人员熟练掌握应对措施，提高应急反应能力。

监管机构和政策支持对于风险预警机制的构建也至关重要。监管机构需要出台相应的规范和指导意见，引导供应链金融机构建立和完善风险预警机制。同时，优化监管政策，为供应链金融创新创造良好的环境。通过政策支持和激励措施，鼓励更多的金融机构采用新技术、新模式，提升风险管理水平。另外，推动信用体系建设，完善社会征信体系，提升信用信息的覆盖面和准确性，为风险识别和评估提供坚实的数据支持。

第六节　新型供应链金融的管理与监管

一、新型供应链金融管理的基本原则

新型供应链金融管理的基本原则是确保供应链金融活动能够顺利开展、风险可控、效益最大化的重要指引。这些原则不仅涉及具体运营的规范和流程，更要考虑到宏观的经济环境、法律法规以及各方利益的平衡。以下是全面深入阐述供应链金融管理的基本原则。

透明度原则至关重要。透明度是确保供应链金融活动中各方信息对称的重要前提。供应链中的各参与方需保持信息披露的充分性、透明性和及时性，尤其是在涉及融资环节和债务偿还能力的关键数据时。这不仅能帮助金融机构和供应链中其他企业进行准确的风险评估，更有助于增强各方的信任，降低违约风险。在实际操作中，可通过建立透明的信息共享平台，实现流转资金、物流、信息流的同步管理，使各参与方能够实时了解各节点情况。一些大型企业甚至可以采用区块链技术来确保信息的不可篡改性，进一步提高透明度。

风险控制原则是供应链金融管理中不可忽视的重要原则。合理的风险控制机制可以有效降低融资的系统性和非系统性风险。首先，供应链金融服务提供者需要建立健全的风险评估体系，通过对企业信用、应收账款、仓单等要素的详细分析和实地考察，确保资金流向真正具备还款能力的企业。其次，通过供应链金融工具多元化，如信用保险、应收账款保理、库存融资等，以及设计合理的风险分担机制，如保证金、风险准备金等形式，提高整个供应链的抗风险能力。

创新与灵活性原则是应对现代供应链复杂多变环境的重要手段。在传统供应链金融模式基础上，通过技术创新和模式创新，推出更多适合中小微企业和不同供应链场景的金融产品和服务。大数据、人工智能、区块链等新兴技术可以显著提升供应链金融的效率和风控水平。大数据分析技术可以快速、精准地获取小微企业的经营数据和风险状况，减少信息不对称。此外，服务提供者应根据市场变化和企业需求，灵活调整金融产品和服务策略，确保能更好地支持供应链合作企业的发展。

合规性和合法性原则是任何金融活动都必须遵守的基本底线。供应链金融作为一种新型融资模式，需要严格遵守国家的法律法规和监管要求。供应链金融服务提供者应当建立健全的内部控制和合规管理体系，确保每一项金融业务的操作都符合法律规定和监管要求。特别是涉及跨境供应链金融时，还需符合国际贸易法规和反洗钱、反恐融资等相关国际规定。对于可能出现的合规风险，应提前制定应对措施，如建立合规培训机制、设置专门的合规审查部门等，以确保合规风险最小化。

客户需求导向原则是保证供应链金融服务能够真正惠及企业的重要途径。供应链金融的核心目标是解决中小微企业的融资难题，实现供应链上下游企业的共同发展，因此必须切实关注客户需求。金融服务提供者应深入了解企业的资金需求及其经营模式，提供针对性强、灵活高效的金融解决方案。同时，建立起以客户为中心的服务体系，加强客户服务和售后支持，确保企业能够迅速获得金融支持。此外，通过定期的客户满意度调查和市场调研，了解和反馈客户对金融产品和服务的意见，不断优化和改进供应链金融服务。

多方协同合作原则是提升供应链金融整体效益的重要基础。供应链金融涉及供应链中多个节点企业以及金融机构和其他第三方机构的合作，这种多方参与的特点要求各方协调配合，形成强大的合作网络。供应链核心企业应发挥其龙头带动作用，通过签订战略合作协议、建立长期合作关系等方式，带动上下游中小微企业的共同发展。供应链金融服务提供者与物流、信息技术服务提供者等第三方机构应紧密合作，通过数据共享、流程整合、产品联合开发等多种方式，提升供应链金融服务的综合效能。

供应链金融管理的基本原则不仅是在实际操作中指导机构行为的重要准则，更是确保新型供应链金融模式能够有效运行、可持续发展的重要保障。只有在透明度、风险控制、创新灵活、合规合法、客户需求导向和多方协同合作等多重原则的共同作用下，供应链金融活动才能真正实现降低融资成本、提升融资效率，缓解小微企业融资约束的目标。在未来的应用中，应继续根据市场和政策变化，不断完善和优化这些原则，使其更加符合实际需求，推动供应链金融的持续健康发展。

二、监管机构的角色与责任

监管机构的责任不仅要确保市场的稳健运行，还要促进金融创新、保护投资者利益和维护金融系统的整体安全性。监管机构的主要职责之一是制定并实施有效的监管政策和法规，这些政策和法规旨在为供应链金融市场设定清晰的运行标准和法律框架，从而确保市场参与者之间的公平交易和信息透明度。监管机构必须深刻理解新型供应链金融的运作模式及其潜在风险，只有这样才能制定出具有针对性和前瞻性的监管措施。

监管机构需要对新型供应链金融的市场动态进行持续监控和分析，以便及时发现和预警潜在的系统性风险。新型供应链金融包括多种创新模式，如区块链金融、互联网供应链金融等，这些模式的快速发展往往伴随着一定的技术和市场风险。监管机构必须具备敏锐的洞察力和先进的技术手段，以便在市场出现异常波动时能够快速响应并采取适当的干预措施，防止风险进一步蔓延。

监管机构应当积极推动信息披露和透明度建设，以确保市场参与者可以获得充分的市场信息。透明度的提升不仅有助于减少信息不对称，也有利于增强市场信心和提高金融资源的配置效率。在信息披露方面，监管机构可以通过建立健全的信息披露制度，要求供应链金融服务提供商和相关企业定期披露其财务状况、业务经营情况以及潜在风险等重要信息。这不仅有助于投资者和其他市场参与者做出更加明智的决策，也有利于提高整个市场的透明度和公信力。

监管机构还需要关注新型供应链金融中的消费者保护问题。由于小微企业在供应链金融市场中处于相对弱势的地位，可以通过制定专门的消费者保护法规和设立专门的投诉处理机制来确保小微企业在遭受不公平对待时能够迅速获得救济。此外，监管机构应当加强对金融机构的合规管理，确保其在开展供应链金融业务过程中遵循相关法规和标准，避免出现欺诈、操纵市场等违法行为。

监管机构的另一个重要责任是推动金融创新与风险管理的平衡发展。新型供应链金融模式的创新往往伴随着一定的市场风险，监管机构需要在鼓励金融创新的同时，建立健全的风险评估和管理体系。通过制定创新友好的政策框架和提供相应的支持措施，监管机构可以引导金融机构在开展供应链金融创新时兼顾安全性和稳健性，从而实现市场的可持续发展。

在国际合作方面，监管机构还应当加强与其他国家和地区监管机构的沟通与协作，推动跨国监管协调和信息共享。新型供应链金融在全球范围内的发展，往往涉及跨境交易和资金流动，这需要各国监管机构共同努力，制定统一的监管标准和合作机制。只有通过国际合作，才能有效应对跨国金融风险和挑战，维护全球金融市场的稳定与安全。

三、监管政策与法规解读

监管政策与法规对新型供应链金融的管理和监管起到极其关键的作用。监管政策与法规的核心是保障金融市场的稳定与安全，确保供应链金融业务在合规合法的基础上进行。监管政策不仅对参与主体的行为和资质进行严格要求，还对产品设计、信息技术应用等方面提出具体规定。

以合规性为核心的新型供应链金融管理框架，需要深入理解和遵从相关的法律法规及政策规定。从金融监管的角度来看，各国相关监管机构都对供应链金融提出了相应的指导方针和法令，以确保市场的稳定性和透明度。政策的制定一般涉及防范系统性风险、保护投资者利益、促进产业健康发展等多个层面。特别是在小微企业融资中，更需要考虑其特殊的融资需求和风险特点。

新型供应链金融的管理与监管政策具体涵盖了多方面内容。对参与主体的资质和行为规范的监管。供应链金融涉及的主体包括核心企业、金融机构、小微企业和第三方金融服务平台等，政策要求各类主体需具有健全的治理结构和风险管理能力，尤其对核心企业的资信要求较高，金融机构则被要求具备充足的资本金和完善的监管制度。监管政策明确规定，各行业参与者不得借供应链金融之名从事违法金融活动，违者将受到严厉处罚。

对于供应链金融产品的监管，政策要求创新金融产品必须在合法合规的基础上进行。在产品设计和运作过程中，金融机构需确保信息透明、风险可控。特别是风险分散机制和增信措施的设计，监管政策通常要求金融机构具备充分的风险识别与评估能力，例如通过大数据、区块链等技术手段提升风控能力。此外，明确规定了在发行和交易过程中的信息披露要求，以确保投资者能够获得充分且真实的信息，降低信息不对称造成的市场风险。

对信息技术应用的监管也是政策的重点之一。近年来，利用区块链、人工智能等信息技术手段提升供应链金融效率已成为趋势。监管政策对此持支持态度，但同时也强调了合规性和安全性的保障。具体而言，政策要求各类机构必须建立健全的信息安全管理体系，保护客户数据隐私，防止信息泄露和网络犯罪。同时，在系统开发和运维过程中，要进行严格测试和风险评估，确保系统的稳定性和安全性，避免技术风险对金融市场的冲击。

在防范金融风险方面，监管政策注重建立健全的风险预警和应急处置机制。为了有效防范和化解供应链金融中可能存在的信用风险、市场风险和操作风险，监管机构要求各金融机构和资金提供方需建立全面的风险监测系统，定期进行压力测试和风险评估，并制定详细的应急预案。一旦发生风险事件，要迅速响应，采取措施及时堵截和化解风险，防止风险蔓延和扩大。

监管政策还特别强调了对金融机构与企业的合作进行规范。银行和非银行金融机构在为供应链上的企业提供融资服务时，需保持必要的独立性，不得与企业形成利益捆绑。此外，政策也规定了金融机构在向企业提供信贷服务时，当事双方需签订正式的合同，明确约定各自的权利和义务，保障融资的合法性和合规性。

金融科技的快速发展对监管提出了新的挑战，政策制定者需要动态调整监管框架以适应市场变化。此外，国际交流与合作也是监管政策的重要方面。在全球化背景下，金融市场的国际化程度不断提高，供应链金融业务也不断跨越国界。为应对国际化背景下的监管难题，各国监管机构需加强国际的合作、互通监管信息、分享监管经验、共同打击跨国金融犯罪，维护国际金融市场的安全与稳定。

关于对金融消费者的保护，监管政策有着严格的规定。供应链金融以服务小微企业为主，而这些企业往往对于金融产品和服务的理解能力较弱，容易受到不法分子的欺诈。因此，监管政策要求金融机构在提供服务时进行详细的风险提示，确保融资方对于相关产品的风险有充分了解。此外，还应提供必要的教育和培训，提高小微企业的风险意识，从而保护它们的合法权益。

四、跨国供应链金融的监管挑战

在全球化经济背景下，供应链金融不再局限于国内的企业链条，而是延伸至国际市场，涉及跨国企业间的资金流动和协作。这种金融模式的兴起，带来了诸多监管挑战，主要集中在法律法规、风险管理、信息透明度和国际合作等方面。

跨国供应链金融由于其涉及多个国家和地区，不同法律环境和金融监管制度的差异，使统一的管理和监督尤为困难。各国在金融监管方面的法律框架、监管标准和执法力度都存在较大差异。这种不一致性导致跨国供应链金融在实施过程中可能面临法律适用性的难题。某一个国家的合法金融行为，可能在另一国家被视为不合规，这使企业在跨国供应链金融操作中增加了法律风险和不确定性。此外，各国之间的司法管辖权问题也使跨国供应链金融的法律纠纷处理变得错综复杂，进一步增加了监管的难度。

跨国供应链金融的风险管理不仅涉及单一企业的信用风险和操作风险，还包括因国际贸易带来的货币汇率风险、国家风险和政治风险等。特别是在当前国际政治经济形势不稳定的背景下，这些风险的突发性和不可预见性更高。监管机构必须制定兼顾各类风险的综合管理方案，确保供应链金融体系的稳健运行。同时，跨国供应链金融的资产抵押物因为区域差异和市场波动存在价值变化，为风险评估和控制增加了难度。金融机构需要拥有高效的风险识别和预警机制，及时应对可能出现的各类金融风险。

信息透明度是跨国供应链金融监管中的一个关键问题。由于涉及多个国家和不同企业，信息传递过程中存在许多障碍和不确定因素，透明度不足。监管机构在对跨国供应链金融进行监督时，往往难以获得完整、准确的数据信息。尽管区块链技术等新兴技术在提高供应链金融的透明度方面展现出一定的潜力，但在实际应用中仍面临技术成熟度和法律认可度等问题。为了保证信息的透明度，企业间需要建立起高效的信息共享机制，同时监管机构需要制定相应的政策和法规，督促相关方如实披露信息，确保供应链金融活动的透明和公开。

国际合作是解决跨国供应链金融监管挑战的重要途径之一。跨国供应链金融的高效运行离不开国际的协调和合作，各国监管机构需要加强沟通和信息共享，共同应对跨国供应链金融的复杂问题。首先，建立健全国际金融合作机制，采取统一的监管标准和操作规则，以提升跨国供应链金融的透明度和合规性。这不仅有助于减少监管套利和法律风险，也可以增强国际市场对跨国供应链金融的信任和支持。其次，各国应共同努力，防范跨国供应链金融中的违法行为，加大对跨境金融犯罪的打击力度，确保供应链金融运行的合法性和安全性。

跨国供应链金融的发展也需要在政策支持和技术创新方面取得突破。各国应积极推动政策创新，支持供应链金融服务的全球化进程，为企业参与跨国供应链金融提供更加宽松的政策环境，提高相关金融服务的便利性和可及性。同时，积极推动金融科技的发展，在大数据、人工智能、区块链等技术的支撑下，提升供应链金融的管理水平和风险防控能力。技术创新的应用，不仅可以提高金融机构的管理效率，还可以为监管机构提供更加有效的监管工具，增强跨国供应链金融监管的科学性和精准性。

企业在参与跨国供应链金融活动中，也应注重合规管理和风险防控，加强内部控制机制建设。首先，企业需要了解所在国和交易对方所在国的法律法规和监管要求，以避免法律冲突造成的风险。其次，企业需要强化风险管理，建立健全风险预警机制，动态监测供应链各环节的运行情况，及时识别和应对潜在风险。通过提升企业自身的合规意识和风险防控能力，可以有效降低跨国供应链金融活动中的不确定性和法律风险，确保供应链金融服务的顺利进行。

跨国供应链金融的监管挑战不仅在于法律和风险管理方面的问题，还涉及市场秩序和公平竞争。跨国供应链金融的复杂性和跨国运营特点，使市场主体在进行金融活动时，容易发生垄断、欺诈等不正当竞争行为，破坏市场秩序。各国监管机构应加强对跨国供应链金融市场的监督，预防和打击不正当竞争行为，维护市场的公平、公正。同时，推动市场规范化建设，引导企业以合规、透明的方式开展跨国供应链金融活动，为供应链金融市场的健康发展创造良好的外部环境。

第四章　供应链金融缓解融资约束的机制

第一节　降低信息不对称的机制

一、识别信息不对称的挑战

信息不对称是指交易双方掌握的信息不对等，导致市场交易效率降低或者无法进行。在供应链金融中，信息不对称的存在会使金融机构在进行风险评估和决策时面临困难，进而影响到资金的有效配置和风险管理。

小微企业的信用信息缺乏系统性、透明性和全面性，导致金融机构无法准确评估其信用风险。这使信息不对称成为一种常态。很多小微企业并没有完善的财务管理制度和系统，账目和报表可能不够正规，或者缺乏专业的财务人员进行管理，这些都直接影响了其信用信息的披露质量。由于缺乏标准化的财务数据，金融机构在审核企业贷款申请时面临巨大挑战，信息的真实性和准确性难以保障。此外，小微企业相较于大型企业更容易受到市场变动和经济周期的波动，经营状况的稳定性较差，增大了银行等金融机构识别和评估其风险的难度。

小微企业在人力资源、技术水平和信息系统方面相对落后，其信息披露往往不及时、不全面，造成信息更新滞后。这导致金融机构在获取信息和进行风险评估时存在滞后性，最终可能使决策失误。金融机构需要依赖实时和准确的信息来做出信贷决策，但小微企业信息披露的时间滞后性使信息的有效性和时效性大打折扣，增大了信息不对称所带来的困难。此外，小微企业的信息披露形式也相对简陋，缺乏标准化和统一性，信息的加工和处理难度增加，使金融机构的分析和判断出现偏差。

供应链上下游企业信息孤立与割裂也是信息不对称的重要原因之一。在供应链金融中，资金流、信息流和物流是密不可分的。然而现实中，这三者之间的信息交流和共享往往受限于技术、信任和制度等多方面因素。供应链中的上下游企业往往聚集在不同的区域和行业，信息的共享和交换成本较高，缺乏统一的平台进行及时、有效的沟通与协调。此外，企业出于保护自身商业机密的考量，往往不愿意过多分享内部经营数据，加剧了"信息孤岛"现象。这种现象在供应链金融的实操中，导致金融机构无法全面掌握整个供应链的动态信息，不利于对风险的综合评估。

还有一个重要的挑战是供应链金融中各参与方的信息匹配和整合问题。供应链金融涉及供应商、生产商、分销商、零售商等多个环节，每个环节的信息内容和格式存在差异，整合难度大。金融机构在评估一个小微企业的信用风险时，需要综合考虑其在整个供应链中的地位和作用，但信息孤立和格式的不统一使信息整合过程烦琐且耗时。这不仅增加了金融机构的运营成本，还可能导致信息在整合过程中的遗漏或误判，从而影响最终的信贷决策。

技术手段的使用虽然在一定程度上可以解决信息不对称的问题，但也带来新的挑战。比如，大数据技术和区块链技术的应用在提升信息透明度和共享度方面发挥了一定作用。然而，这些技术的普及和应用要求较高的技术投入和专业知识，许多小微企业和金融机构难以迅速适应和掌握。此外，技术的应用还面临数据隐私保护、数据标准化以及技术风险等问题，这些问题如果处理不当，反而可能加剧信息不对称。

针对信息不对称挑战的识别还涉及金融机构内部的制度和文化问题。金融机构内部信息共享机制缺乏，部门之间的协作和信息流通不畅，也会导致信息不对称。例如，信贷部门和风险管理部门、客户服务部门之间的信息沟通不充分，导致信息在传递过程中失真或滞后。此外，金融机构的风险管理文化和政策也会影响对小微企业信用风险的识别和评估。金融机构对小微企业的风险管理政策过于保守或过于激进，都会影响对信息不对称问题的识别和处理。

克服这些挑战需要多角度、多层面的综合努力。首先，需要建立全面、系统的信用信息系统，提高信息的透明度和公开性。政府、行业协会和金融机构需要联合推动信用信息共享平台的建设，加大对小微企业信用信息的采集和披露力度。其次，加快信息技术的普及和应用，利用大数据、区块链等技术手段提高信息的及时性和准确性，提升信息处理和分析的效率。再次，金融机构内部需要建立健全的信息共享和沟通机制，确保不同部门之间的信息流通顺畅，提升整体风险管理能力。最后，行业内外的各方需要共同推动信任机制的建设，减少"信息孤岛"现象，推动信息的全面共享和有效利用。通过多方共同努力，可以逐步有效地应对信息不对称带来的挑战，提高供应链金融的风险管理水平，进一步改善小微企业的融资环境。

二、供应链金融的信息共享机制

信息是金融活动中的关键要素，因为它直接影响着金融机构对风险评估和决策的有效性。而信息不对称是小微企业融资的一大障碍，它导致了金融机构对小微企业的信用了解不足，从而提高了融资成本或者直接抑制了融资活动。供应链金融的信息共享机制正是针对这个困境而发展起来的，为金融机构和企业之间搭建了一座信息桥梁。

信息共享机制可以通过多种方式实现，首先是通过供应链中上下游企业的信息互通。供应链金融的核心是将供应链上的各个节点紧密联合起来，形成一个高度信息化和透明化的网络。在这种网络中，供应商、制造商、分销商和零售商等各环节企业的信息，如财务状况、交易记录、库存数据等，能够进行实时互通和共享。这种信息资源的互通使金融机构能够全面、迅速地掌握小微企业的运营状况，从而更加科学地评估其信用风险。

在信息共享机制中，第三方平台的介入也是不可忽视的。区块链技术和云计算技术的发展为供应链金融的信息共享提供了先进的技术支撑。利用这些技术，供应链金融平台能够生成和储存大量的交易数据、运营数据和信用数据，并通过数据分析与挖掘，为参与各方提供精确的信用评级和风险预警。这不仅提高了数据的真实性和准确性，还有效地降低了信息失真和数据滥用的风险，从而提高了整个供应链的透明度和可信度。

信息共享机制还通过标准化的数据接口和共享协议实现了跨企业、跨系统的数据互通。传统的金融机构和企业之间的信息不对称，往往是由信息标准不一致、系统接口不兼容等问题引起的。制定统一的信息共享标准，可以确保来自不同企业和金融机构的数据被系统自动识别和处理。这种标准化的方式不仅简化了信息传递过程、降低了信息交互的障碍，还提高了数据共享的效率和安全性。

不仅如此，信息共享机制在供应链金融中还体现在信息的集中管理和监控上。通过建立集中化的信息管理平台，供应链金融能够为各参与方提供一个统一的信息入口，集成供应链上各节点的动态信息。这使金融机构能够在一个综合的视角下掌握整个供应链的运行态势，进行系统性的风险评估和控制。更重要的是，这种集中化的信息管理平台还具备实时监控和动态更新功能，使金融机构能够及时捕捉供应链中的异常状况，采取迅速而有效的应对措施，降低潜在的金融风险。

信息共享机制还通过风险共担和利益共享的模式进一步强化了信用增进作用。在这种模式下，供应链中的各参与方通过信息共享和资源整合，共同分担风险和利益。金融机构在通过信息共享机制深入了解小微企业的经营状况和信用水平后，可以在风险控制上采取更为灵活和多样化的措施，如推出基于供应链应收账款融资、存货融资、预付款融资等多种金融产品，这些产品能够根据具体的供应链场景和企业需求，提供更为精准和高效的金融支持。

在供应链金融的信息共享机制中，良好的法律法规环境和政策支持也是不可或缺的。政府和监管机构的积极引导和政策扶持，为信息共享机制的正常运作提供了法律保障和制度支持。完善相关法律法规，可以明确信息共享的规则和责任，确保数据隐私和信息安全；建立健全的信息披露和监管体系，可以有效防范信息风险，保障各方的合法权益，进一步提升信息共享机制在供应链金融中的应用效果。

通畅的信息共享机制还可以促进小微企业自身管理水平的提升。借助供应链金融的信息共享平台，小微企业能够实时获得供应链上下游企业的动态信息，了解市场需求和变化趋势，优化自身的生产和经营策略。这不仅有助于提高企业的市场竞争力和盈利能力，还能够增强其在金融机构面前的信用形象，从而在未来的融资过程中获得更多的支持和便利。

三、信息透明度对融资的影响

信息透明度指的是在经济交易过程中，相关信息的公开、完整、及时和真实程度。对于小微企业来说，信息透明度直接决定了其融资能力和成本。在传统融资模式中，小微企业往往因信息不对称而难以获得理想的融资额度和利率。供应链金融通过提高信息透明度，使金融机构能够更加准确地评估小微企业的风险，从而在一定程度上缓解其融资困境。

信息透明度能够缓解融资约束的机制体现在信用评估过程中。金融机构在进行信用评估时，需要对借款企业的财务状况、运营情况、市场前景等信息进行全面的了解。然而，小微企业往往由于规模和资源的限制，无法提供详细且全面的财务报告，这使金融机构在评估时面临较大的不确定性，从而增加了贷款风控难度。通过供应链金融平台，银行和其他金融机构可以通过供应链上下游企业的交易记录、库存数据、物流信息等多维度的数据，获得相对透明、准确的企业运营信息，这在一定程度上降低了信息不对称，提高了信用评估的准确性。

信息透明度有助于提高借贷双方的信任度。在传统的融资模式下，金融机构由于信息不对称，难以全面了解小微企业的实际运营状况，在放贷时往往采用保守的贷款政策，较高的利率和较低的贷款额度成为常态。这种保守策略虽然能够降低金融机构的风险，但却加重了小微企业的融资负担，形成了融资难、融资贵的局面。供应链金融通过提高信息透明度，使金融机构能够更好地了解小微企业的信用状况和经营能力，在评估风险时具有更高的准确性和信心，从而可以提供更具竞争力的贷款条件，降低小微企业的融资成本。

信息透明度还在供应链金融中的风险控制方面发挥了重要作用。在供应链金融模式中，金融机构不仅可以依赖借款企业本身的信用状况，还可以通过分析其与供应链上下游企业的交易数据、资金流动、合同履约情况等信息，来全面评估企业的整体风险。例如，银行通过分析一个生产商与其供应商和客户的支付记录，可以了解该生产商的现金流稳定性和合同履行能力。这些信息的公开和透明，为金融机构提供了更多的风控手段，有助于降低违约风险。

信息透明度还能够增强金融机构的市场竞争力和提升整体融资效率。在信息透明度较高的环境下，市场上的金融机构能够更加公平、透明地竞争，这在无形中减少了信息垄断，提高了市场资源配置效率。供应链金融平台通过集成各类信息，搭建一个信息共享的桥梁，使更多的金融机构能够基于真实的企业数据进行竞争性贷款。这不仅拓宽了小微企业的融资渠道，也促使金融机构提升了自身服务和产品的竞争力，从而形成良性循环，有效提升了整体融资效率。

从小微企业的角度来看，提高自身信息透明度也是其获得融资的重要途径之一。企业应主动改善自身的信息披露机制，积极配合供应链金融平台的数据采集工作，通过公正且透明的经营行为，树立良好的信用形象。这不仅有助于降低金融机构的风险评估成本，也能提高企业自身的融资成功率和获得更优惠贷款条件的可能性。为了实现这一目标，小微企业可以加强内部管理，完善财务系统，确保各项数据的准确性和及时性，这些措施将为其在融资过程中争取更多的主动权。

政府和行业协会也应积极推动信息透明度的提升，制定相关政策和标准，鼓励和支持企业进行信息披露和数据共享。建立统一的行业数据标准和信用评估体系，能够在宏观层面上提升信息透明度，为供应链金融的发展创造更为有利的环境。例如，政府部门可以通过建立中小微企业信用信息共享平台，整合银行、税务、工商、海关等各类数据，为金融机构提供全面、准确的企业信用信息，从而进一步降低信息不对称，推动融资环境的改善。

资金管理者和金融机构之间的合作也非常重要。通过双方的信息共享和数据对接，可以建立更加全面的风险评估模型和信用评估系统。这种合作不仅有助于提高信息透明度，还能在一定程度上降低各方的运营成本、提升运营效率。例如，在一个供应链金融平台中，银行、保险公司、物流企业等多方通过信息共享，共同参与风险评估和决策，能够形成合力，从而更加有效地支持小微企业的发展。

四、区块链技术在供应链金融中的应用

区块链技术对于传统的供应链金融体系来说是一项具有革命性意义的创新，尤

其是在缓解小微企业融资约束方面。区块链技术本身具备去中心化、公开透明、不可篡改的特性，能够有效降低信息不对称，提高金融服务的效率和安全性。

在传统金融体系中，小微企业常常面临融资难题，其主要原因之一是信息不对称带来的信任问题。银行及其他金融机构通常难以准确获取小微企业的经营状况、信用记录及供应链上下游的信息。这些问题导致金融机构在评估小微企业的信用风险时面临较大的不确定性，最终抬高了融资门槛。区块链技术通过其独特的机制，有效解决了这一问题。区块链系统中的数据记录是公开透明的，各方可以在一个分布式账本上实时查看交易和相关数据，无须依赖中介机构。这样，通过区块链技术，金融机构能够更方便地获取小微企业的真实交易数据和信用状况，从而降低信用风险评估的难度和成本。

区块链在供应链金融中的应用，不仅可以优化信息共享机制，还能提升物流、资金流和信息流的同步性和透明度。以智能合约为例，这是区块链的一项关键应用。智能合约是一种自动执行的合约，在特定条件满足时执行预设操作，无须人为干预。这种技术在供应链金融中大有可为，通过智能合约可以对供应链中的各个环节实行严格的规范和约束，确保合同的执行，从而减少违约风险。例如，在供应链金融的应收账款融资中，当供应商将应收账款转让给金融机构时，智能合约可以自动检查账款的真实性，并在买方付款后自动完成付款和结算。这种无缝对接大大减少了操作风险和人为干预带来的误差，从而降低了信息不对称带来的融资困境。

区块链技术还可以促进资产的数字化，提高资产的流动性。通过区块链技术，各类资产（如应收账款、库存、设备等）可以被数字化并记录在分布式账本上，从而形成可追溯、可验证的数字资产。这些数字资产可被用作融资抵押物或交易媒介，增加小微企业的融资渠道和融资本领。例如，将应收账款、仓单等资产数字化之后，小微企业可以通过区块链平台将这些数字资产作为抵押物，从各类金融机构处获得贷款。有了数字化和不可篡改的资产记录，金融机构对这些新兴资产的信任度提高，能够更加放心地为小微企业提供融资服务。

区块链在供应链金融中的应用不仅仅限于技术层面的改进，更多的是催生了一系列新的商业模式。例如，基于区块链的供应链金融平台通过整合多方资源，形成一个互信互利的生态系统，为小微企业融资提供了新的方式。传统供应链金融通常以大型核心企业为中心，但区块链平台的去中心化特点使各类大中小企业都能参与其中，从而更好地解决了"长尾企业"的融资问题。在这些平台上，小微企业可以在公平、透明的环境下发布融资需求，与资金供给方直接对接，减少了中间环节带来的信息传递失真和成本增加问题。

区块链技术还带来了数据隐私和安全保护的新模式。在传统供应链金融中，小微企业的敏感数据如交易记录、财务状况等，面临着泄露和滥用的风险。而在区块链系统中，通过加密技术和权限设置，可以对数据访问进行严格控制，确保只有授权方能够查看和使用相关数据，从而有效保护企业的隐私和数据安全。区块链的分布式存储特性也大大降低了数据被篡改的风险，提高了数据的可信度和安全性。

在解决信息不对称的问题上，区块链技术还为小微企业提供了更广泛的信用积累途径。在区块链系统中，小微企业的每一笔交易记录都被详细记录下来，而且不可篡改。这些记录是企业信用积累的重要依据，企业可以通过这些透明的记录向金融机构展示自身的信誉度，从而获得更高的信用评分和更加优惠的融资条件。

区块链技术在供应链金融中的应用还可以提高供应链的整体效率。通过区块链，供应链中的各个节点都能实时获取信息，从而可以更及时地做出决策，减少信息不对称带来的库存积压和资金占用问题。例如，在物流环节，通过区块链技术可以实时跟踪货物的运输状态，确保各方都能掌握货物的实时动态，从而优化物流管理和加快资金周转速度。

第二节　增强小微企业信用的途径

一、企业信用评级方法

企业信用评级是供应链金融助力小微企业信用增强的重要途径，其中包含多个方面，涉及信用评估指标、数据收集与分析、评级模型的建立与优化等。本节将详细探讨这些方面，以期为读者提供全面系统的理解。

信用评估指标多种多样，涵盖了财务状况、经营能力、管理水平、还款能力、行业前景等多个维度。财务状况通常通过流动比率、资产负债率、净资产收益率等财务比率来衡量，这些指标通过反映企业的财务健康状况，进而反映其偿债能力。经营能力则可通过营业收入增长率、销售毛利率、净利润率等财务数据来体现，这些指标能洞察企业在市场中的竞争力和盈利能力。管理水平往往通过企业治理结构、管理团队的经验与能力、决策过程的透明度与规范性等来评估，这些因素对企业的长期发展和信用稳健性起着关键作用。还款能力与企业的现金流状况紧密相关，通常通过经营活动净现金流、现金流覆盖比率等指标来判断，现金流越充裕，还款能力越强。行业前景则可以通过宏观经济环境、行业政策、市场竞争态势等因素来综合判断，这是对企业外部环境的评估。尽管企业内部管理良好，但若所处行业前景暗淡，也会影响其信用评级。

数据收集与分析是信用评级过程中至关重要的一环。数据的可靠性、全面性、时效性直接影响评级结果的准确性与公信力。在实际操作中，企业的财务报表是最基础、最重要的数据来源，例如年度报告、审计报告、税务报表等。此外，企业的非财务信息如客户回馈、供应商评价、员工满意度调查等也能提供有价值的补充信息。在数据采集的过程中，应注重数据的真实性和透明度，尽量减少数据造假和不完整现象。数据分析则需要结合定量与定性的方法，利用大数据分析技术，高效、准确地处理海量数据，通过数据挖掘算法，挖掘企业发展的潜在风险和机遇。

评级模型的建立与优化是信用评级的核心工作，现有的信用评级模型有多种，如专家评分模型、统计模型、机器学习模型等。专家评分模型是最传统、最常见的方法，根据多年的行业经验和对企业个案的深度理解，评分者通过打分计算企业信用评级。统计模型则多采用回归分析、判别分析等统计方法，通过分析大量企业的财务和非财务数据，找到影响信用评级的关键因素和其权重，从而构建起信用评级的数学模型。机器学习模型是近年来新兴的方法，借助人工智能技术，通过训练数据集和测试数据集，模型不断学习优化，最终能自动、高效地进行信用评级。对模型的有效性和准确性进行验证和调整，是模型优化的重要步骤，可以通过对比历史数据的实际违约率和预测违约率来评估模型的效果，并根据误差调整模型参数及权重。

企业信用评级不仅关乎企业自身的融资成本和风险控制，也影响到整个供应链金融生态系统的稳定与健康发展。优化企业信用评级方法，可以更准确地反映企业真实的信用状况，帮助上下游企业更好地理解合作伙伴的信用风险，从而提高供应链融资的效率和安全性。评级结果需要定期更新，以保持数据和信息的时效性，此外还需要建立动态监控机制，对企业信用状况进行持续跟踪和预警。

定期评估与信用监控系统的结合，可以更加全面、动态地掌握企业信用情况，这不仅有助于小微企业在融资过程中维护良好的信用形象，也为整个供应链金融提供了坚实的信用基础。信用评级方法的科学性和公正性，对提升小微企业融资环境起到积极作用，优化和创新信用评级方法，是供应链金融助力小微企业发展的关键所在，值得各界深入探讨和实践。

二、供应链金融对小微企业信用的提升

供应链金融是一种借助于供应链核心企业和链条上其他企业之间的紧密合作关系，以核心企业的信用为背书，为小微企业提供融资支持的金融模式。此模式能够有效提升小微企业的信用，从而缓解其融资困境。深入探讨供应链金融对小微企业信用提升的机制，有助于理解其在实际操作中所具备的执行力和适用性，促进小微企业融资环境的改善。

需要指出的是，小微企业在传统金融体系中常常面临信用不足的问题。小微企业规模小、财务状况不透明、风险评估复杂，这些都导致传统金融机构对其信用评级较低，进而谨慎授信。而供应链金融通过供应链核心企业的信用担保，实现以信换贷，改变了小微企业融资的被动局面。供应链中核心企业通常具有较高商业信誉和稳定的现金流，其对小微企业的认可和支持无疑是对后者信用的有力增进。

供应链金融涉及的主要模式包括应收账款融资、预付款融资和存货融资等。这些模式均以核心企业的信用背书为基础，从不同角度提升小微企业的信用。应收账款融资是指小微企业将对核心企业的应收账款转让给金融机构，以此获取融资。这种方式利用了核心企业信用的替代效应，小微企业无须单独承担信用评估

的风险，金融机构更愿意接受这种相对可靠的信用担保，从而加快了小微企业的资金周转速度、提高了其信用水平。

预付款融资则是指小微企业在收到订单后，通过核心企业的全部预付款或部分预付款向金融机构进行融资。这种模式同样借助了核心企业的信用，一方面促使金融机构认可了订单的真实性和价值；另一方面缓解了小微企业的资金压力，由此提高了其在供应链中的信用地位。存货融资方式则是以小微企业的存货作为抵押品，通过仓单质押等方式进行融资，也是一种利用核心企业信用进行担保的方式。核心企业的认可和参与，使存货的变现能力和价值稳定性更具保障，金融机构因而愿意给予贷款，这同样提高了小微企业的信用水平。

供应链金融还通过信息透明化和数据共享提升小微企业的信用。传统金融体系常常面临信息不对称的问题，难以准确了解小微企业的经营状况和信用风险。而在供应链金融中，借助于先进的信息技术和大数据分析，企业间的数据共享使信息更加透明。供应链中的核心企业可以提供小微企业的运行数据、交易数据和信用记录，这对于金融机构来说，无疑是进行信用风险评估的重要依据。信息透明化打消了金融机构的顾虑，增强了对小微企业信用的信心，从而有利于小微企业获得融资支持。

对于小微企业而言，加入供应链金融生态系统，不仅提升了自身信用，还带来了多方面的益处。例如，与核心企业的合作关系更加紧密，有助于稳定订单来源、降低经营风险。小微企业通过不断参与供应链金融生态系统，不仅可以获得资金支持，还能够积累信用记录，建立起良好的信用历史。拥有长期的良好信用记录，小微企业在未来将更容易获得金融机构的信任和资金支持。这种良性循环，逐步提升了小微企业的整体信用水平，改变了其在传统金融体系中的弱势地位。

核心企业的牵头作用在供应链金融中同样至关重要。核心企业不仅是信用担保的提供者，也是信用体系的构建者。在实际操作中，核心企业凭借其较强的议价能力和资源整合能力，可以帮助小微企业建立可靠的信用链条。通过选择信誉良好、经营稳定的小微企业进行合作，核心企业在供应链内部可以建立起可信的商业环境，这对供应链所有参与者来说都是一种信用增进。核心企业的积极参与和管理，使整个供应链体系更加稳健和可信。

政府政策的引导和金融监管的完善也是供应链金融提升小微企业信用的重要

保障。通过政策扶持和监管优化，政府可以引导金融机构积极参与供应链金融业务，拓宽小微企业融资渠道。供应链金融的发展过程中，需要政府在税收政策、法律框架、信用体系建设等方面提供支持，确保供应链金融业务的健康发展。有效的监管措施，可以规范金融机构的操作流程、保护各方利益、促进公平竞争、形成良好的市场环境，从根本上提升小微企业的信用水平。

三、信用数据的整合与利用

信用数据的整合与利用对增强小微企业的信用具有关键性的作用。小微企业作为经济体系中的重要组成部分，面临融资困境的主要原因是其信用历史薄弱，无法让金融机构放心地提供贷款。信用数据的有效整合与利用可以极大地改善这一问题，通过多维度的数据整合，可以全面反映小微企业的信用状况，从而增强其在金融市场中的可获得性。

信用数据的整合涉及对多方面信息的采集和汇总。传统的信用评估往往依赖于财务报表、纳税记录等单一维度的信息，这种方式存在数据片面等问题，容易导致信用评估结果的不准确。为了解决这一问题，必须将小微企业在日常经营中产生的各类数据进行整合。这些数据包括但不限于银行账户流水、供应链交易记录、社保缴纳信息、合同履约情况、客户评价等。整合这些多维数据，可以构建一个全面的信用评估体系，准确分析小微企业的信用状况，增加其在金融机构中的信用度。

数据的整合和利用不仅是简单的数据收集和汇总，更重要的是数据的处理和分析。通过大数据技术和人工智能算法，可以对整合后的信用数据进行深度挖掘和分析。例如，通过分析企业的银行账户流水，可以了解其现金流状况，判断其资金周转能力；通过分析供应链交易记录，可以了解其上下游合作关系和经营惯性，判断其业务稳定性；通过分析合同履约情况和客户评价，可以了解其商业信誉，判断其信用风险。数据分析的结果不仅可以为金融机构提供信用评估依据，还可以为小微企业自身的经营决策提供重要参考，帮助其改善经营管理，提高信用水平。

信用数据的整合与利用还需要一个高效的平台来实现。信用数据往往分散在不同的系统和机构中，传统的手工收集和处理方式效率低下，且容易出现数据遗漏和错误。因此，必须建立一个统一的信用数据整合平台，实现数据的自动采集和处理。该平台不仅要具有强大的数据采集能力，还要具备高效的数据处理和分析能力，能够实时更新信用数据，及时反映企业的信用状况。同时，为了保障信用数据的安全性和隐私性，该平台还必须具备严格的安全机制和访问控制，确保数据的合法使用。

信用数据的整合与利用还需要相关政策和法律的支持。信用数据涉及企业的商业秘密和隐私，必须在合法合规的框架内使用。政府和监管机构应制定相关政策和法律法规，明确信用数据的采集、处理和利用的标准和规范，保障企业的合法权益。同时，政府和监管机构还可以通过建立信用信息共享机制，推动信用数据的开放和共享，提高信用数据的质量和利用效率。信用数据的整合与利用离不开企业自身的配合和努力。企业要增强信用意识，主动配合信用数据的采集和处理，如实提供相关信息，接受信用评估。同时，企业还应加强自身的信用管理，通过加强财务管理、规范经营行为、提升服务质量等措施，不断提升自身的信用水平。

除了金融机构，小微企业的信用数据还可以通过与其他市场主体的合作得到整合和利用。例如，电商平台、物流公司、供应链上的大型企业等都可以成为小微企业信用数据的重要来源。与这些市场主体合作，整合其掌握的交易数据和评价信息，可以进一步完善小微企业的信用评估体系，提高其信用数据的覆盖面和准确性。这种合作不仅可以为小微企业融资提供更多的信用支持，还可以促进市场各方的信息共享和协同发展，提升整个商业生态系统的信用水平。

社会信用体系的建设也对信用数据的整合与利用产生积极影响。政府和社会各界应共同努力，推动社会信用体系的建设，形成一个全面、透明、可信的信用环境。在这个环境中，信用数据的整合与利用将变得更加方便和有效。各类信用信息将会更加公开和透明，企业和个人的信用状况将更加清晰和准确，金融机构将能够更精准地评估小微企业的信用风险、提供更有针对性的融资服务。

四、改善信用评级环境的政策措施

改善信用评级环境对于增强小微企业信用以及缓解其融资约束具有重要意

义。信用评级是金融市场中评价企业信用风险的关键工具，对小微企业信用评级环境进行改善，可以帮助潜在投资者、金融机构更准确地评估企业的信用状况，从而增加其融资的可获得性。

健全和完善征信系统，确保信息的全面性和准确性。目前，小微企业在信用评级过程中面临的一个主要问题是其历史信用记录不完整，数据通常分散在不同的部门和机构中，缺乏系统性的整合。政府应当推动建立全国统一的企业征信系统，通过整合税务、工商、司法、社保等多方面数据，形成一个权威且具有高覆盖率的征信平台。确保信息采集和更新的及时性，以保持企业信用信息的新鲜度和真实性，从而为信用评级机构提供可靠的数据基础。

政策的支持和鼓励是改善信用评级环境的重要驱动力。政府可以出台相应的政策，例如税收优惠、财政补贴等，来鼓励小微企业主动披露信用信息、接受信用评级。此外，可以设立专门的信用评级奖项，对在行业内有良好信用表现的企业给予表彰，激励更多企业重视自身信用管理。

增加评级机构的独立性、公正性和专业性也是改善信用评级环境的重要措施。信用评级机构若得到充分的市场化运作，独立于政府和企业之外，将更有助于提高其评价结果的客观性和权威性。政府可以通过制定严格的监管和行业标准，来规范评级机构的行为，防止其受到不当干预。同时，应对评级机构进行定期考核和评价，提升其专业能力，以确保评级结果的公正性和可信度。

政府应当加强对信用评级机构的监管，建立健全监督机制。包括对评级方法、数据来源、信息披露、评级流程等进行全方位的审查和监控，确保其操作透明、公正。对于出具虚假评级报告或存在其他违规行为的机构，应采取相应的处罚措施，保证评级市场的健康运行。

提高企业信用管理意识和能力也是改善信用评级环境的重要方面。通过推广信用管理理念，提升小微企业对信用评级重要性的认识，可以有效促进其主动参与信用评级。同时，政府和相关机构可以通过提供信用管理培训、设立信用管理咨询服务机构等方式，帮助小微企业提升内控管理水平、规范财务操作、提高财务透明度和数据的准确性，为信用评级的顺利进行奠定良好基础。

在改善信用评级环境的过程中，现代科技手段的应用不容忽视。大数据、人工智能等新技术在信用评级领域的广泛应用，可以大大提升评级机构的数据处理能力与分析精准度。例如，通过信息化手段实现对企业经营情况、资金流动、市场表现的动态监测，可以更全面、快速地捕捉企业信用变化，进而提高信用评级的即时性和科学性。

鼓励和推动多层次、多样化的信用服务市场形成，能够更好地满足不同类型企业的信用服务需求。在统一的信用信息平台基础上，支持评级机构、金融机构、征信公司、第三方数据服务商等多主体协同发展，形成多样化、互补性的信用服务体系。同时，针对不同规模、行业、运营模式的小微企业设计差异化的信用评级体系，提供量身定做的信用产品和评级服务，将有助于提高信用评级的覆盖面和服务效率。

为了更好地激励小微企业改善自身的信用状况，还可以进一步加强信用评级结果的应用与传播，通过公开发布信用评级结果，形成对企业的正向监督和激励作用。如在政府采购、项目招标、政策扶持等环节，将信用评级结果作为重要参考；建立企业信用红黑名单制度，对信用优秀的企业开通绿色通道、给予优惠政策，对信用不佳的企业进行限制和惩戒，实现信用激励与约束的双重效果。

信用评级环境的改善不仅需要政策层面的支持，还需要社会各界的协同努力。各级政府部门、金融机构、行业协会、媒体等均应参与其中，共同推动信用文化建设，创建有利于信用评级环境优化的社会氛围。应通过广泛的宣传教育，使社会公众树立起诚信意识和守信观念，增强企业的信用责任感。

第三节　供应链金融在资金流管理中的作用

一、资金流管理的重要性

在现代商业环境中，资金流管理对于企业的运营和成长具有至关重要的作用。特别是对于小微企业而言，资金流管理在极大程度上决定了其生存和发展空间。良好的资金流管理能够确保企业的账面资金与实际业务需求相匹配。这一点在应对日常运营支出和意外支出时尤为关键。许多小微企业由于缺乏有效的资金流管理，常常在业务高峰期面临资金短缺的困境。这不仅限制了他们的订单执行能力，还可能导致客户流失和市场份额的丧失。然而，科学的资金流管理可以帮助企业提前预警，并做出相应的资金安排，确保业务运营的稳定性。

资金流管理有助于提高企业的资金利用效率。小微企业由于资源有限，更需要将每一分钱用在刀刃上。通过精细化的资金流管理，企业可以对各项资金支出进行合理规划和控制，避免不必要的资金浪费。例如，通过分析现金流入和流出的时间差，企业可以进行更精确的资金调配，缩短资金闲置时间，增加资金的使用效率。此外，借助智能化的资金流管理工具，企业可以实时监控资金动向，及时调整预算和开支计划，从而实现资金的最优配置。

资金流管理还在信用管理方面发挥重要作用。对于小微企业来说，信用风险管理尤为重要。很多小微企业由于缺乏信用记录，往往在融资过程中面临更多的障碍。然而，良好的资金流管理可以提高企业的信用评级。通过建立系统化的资金流管理机制，企业能够如实记录每一笔交易和资金流动，提高财务透明度。这些数据不仅有助于内外部审计，更能增强企业在供应链中的信用度。金融机构在评估小微企业的融资申请时，其资金流情况是重要的参考依据，因此，科学的资金流管理能够大大增加企业获得融资的机会和条件。

资金流管理与成本管理密不可分。企业通过有效的资金流管理，可以更好地掌握成本结构，进行合理的成本核算和控制。尤其在供应链金融环境下，小微企业往往涉及多个合作伙伴，资金流动频繁且分散。高效的资金流管理能够帮助企业准确核算各个环节的成本，发现并减少不必要的开支，从而降低整体运营成本。例如，通过深入分析供应链上下游的资金流动情况，企业可以与供应商、客户进行更加合理的付款和收款安排，减少中间环节的资金占用，从而优化整体成本结构、提高利润率。

良好的资金流管理不仅有助于企业内部运营，还能增强其在供应链中的协同效应。供应链金融的核心在于通过资金的高效流动，促进供应链各主体之间的合作与信任。小微企业如果能进行高效的资金流管理，就能更好地与上下游企业进行资金结算，减少交易摩擦和延迟付款等问题，从而提高整个供应链的运转效率。例如，企业可以运用供应链金融工具，如保理、票据贴现等，提前回笼资金，加速自身资金周转，同时也能促进供应商现金流的健康流动，增强双方的合作关系与信任度。

企业在应对市场波动和风险时，资金流管理的作用尤为重要。在市场环境变化剧烈时期，企业需要灵活地调整运营策略。然而，战略调整往往伴随着额外的资金需求。有效的资金流管理允许企业在面对临时性资金短缺或意外支出时，能够迅速地做出响应。企业通过良好的资金流管理，可以积累应急资金储备，提高抗风险能力。特别是在经济不确定性加剧的情况下，小微企业如果能保持流动性的稳定，就可以更好地度过市场低谷阶段，增强市场竞争力和生存能力。

资金流管理的另一个关键作用在于支持企业的战略规划和投资决策。小微企业在成长过程中，需要不断进行业务拓展和创新，而这些都离不开资金的支持。通过详细的资金流管理，企业能够更清晰地把握当前的现金流状况，并结合未来的资金流预测做出明智的投资决策。科学的资金流管理能够帮助企业在进行资本支出时，衡量资金的风险与回报率，从而选择最优的投资路径。例如，企业可以通过分析不同产品线的现金流贡献，做出资源配置的优化，集中资金支持高回报项目，实现战略目标。

面对数字化和智能化浪潮，资金流管理也在不断向数字化转型。随着金融科技的发展，更多小微企业可以借助大数据、区块链和人工智能等技术，实现资金流管理的数字化和智能化。在供应链金融中，这些技术的应用能够增强资金流的透明度和可追溯性，降低融资过程中的信息不对称问题。通过自动化的资金流管理系统，小微企业不仅能够提高资金流转效率，还可以获得更多的融资和投资机会，进一步提升企业的整体竞争力。

二、供应链金融中的资金流动性管理

供应链金融作为一种重要的金融创新模式，通过对供应链内部企业之间的资金流动进行优化管理，为小微企业的融资约束问题提供了有效的解决方案。在供应链金融中，资金流管理是关键环节，直接关系到整个供应链的运行效率和小微企业的资金困境。供应链金融中的资金流动性管理，实质是对供应链上下游企业之间资金周转过程的优化和控制，确保企业在资金需求时能够及时获取所需资金，同时将资金闲置和资金链断裂等风险降到最低。

传统的金融体系由于信息不对称、风险评估难度大等，为小微企业提供融资服务往往成本高昂且效率低下。而供应链金融通过紧密结合供应链各节点，利用核心企业的市场地位和信用背书，可以为上下游中小微企业提供更为方便和低成本的融资途径。供应链金融通过分散风险、灵活调整资金流动、优化资金使用效率等手段，显著提升了小微企业的融资能力，其中最为核心的部分即为资金流动性的管理。

资金流动性管理是指在保证资金流畅运转的前提下，对资金流入与流出、资产负债比例、流动性风险等进行科学合理的控制。供应链金融中的资金流动性管理涉及多个方面的优化措施，包括供应链内部资金流动路径的合理设计、对于企业资产状态的动态监控、资本结构的优化配置以及应对紧急资金需求的预警和处理机制。

在具体实施过程中，为了保证供应链金融中的资金流动性，最为基础的是供应链内部的资金流动路径设计。通过精确分析供应链上下游企业的资金需求和供应链整体的运行情况，设计出优化的资金流动路径，使资金在供应链各节点之间进行最有效的运转。比如通过动态调整付款周期，设立应收账款融资、预付款融资等多种金融工具，资金能够在最短时间内完成从出资到回流的快速循环。

对于企业资产状态的动态监控和管理也是资金流动性保障的关键手段之一。供应链金融服务提供商通常会利用大数据、人工智能等技术手段，对供应链企业的交易数据、财务数据和信用数据进行实时监控，形成对企业资金流动风险的动态评估。这样不仅有助于提前识别和防范可能的资金链断裂风险，还可以根据实际情况灵活调整和优化企业的融资方案，确保资金流动的安全性和稳定性。

资本结构的优化配置也是需要重视的方面。在供应链金融中，通过合理规划企业的短期资金与长期资金、借贷资金与自有资金比例，能够在提高资金利用效率的同时，降低企业的资金流动性风险。结合供应链中各企业的实际经营情况和资金需求特点，优化企业的资本结构，从而使资金在企业内部和整个供应链中都能够更加有效和高效地运作。

为了应对突发性的资金需求，供应链金融还需要建立完善的预警和处理机制。

这包括设计灵活的融资产品、设立资金池、引入应急贷款方案等，以便在企业资金出现紧急需求时，能够迅速提供资金支持，避免资金链断裂。设立专门的资金流动监控系统和风险预警系统，对于供应链中的异常资金流动进行实时监控和提前预警，当发现某节点可能出现的资金问题时，可以迅速做出反应和调整、有效缓解资金压力、保障供应链整体的平稳运行。

供应链金融中的资金流动性管理不仅仅是单一维度的操作，它涉及供应链节点企业之间的互信合作、金融机构的产品创新、互联网技术和大数据的应用，以及相关法律法规的完善和支持。在这一过程中，核心企业的信用背书作用尤为突出，通过核心企业对整个供应链的信用担保，使融资成本大幅降低，融资效率显著提升。因此，供应链金融不仅是通过简单的金融工具和产品来实现资金流动性的管理，更是依托于供应链整体信用体系和信息共享平台，通过综合性的金融服务和技术手段，为小微企业提供全方位的资金支持。

三、利用供应链金融优化现金流

利用供应链金融优化现金流是一个复杂而关键的研究领域，主要的核心在于如何通过供应链金融这一创新手段有效地管理和优化企业的现金流，以缓解小微企业在融资过程中的约束。供应链金融作为金融服务与物流、信息流和资金流的融合手段，能够通过多个方面优化企业的现金流管理。

供应链金融能够为小微企业提供更高效的资金周转渠道。在传统的融资渠道中，小微企业往往面临着信用评级低、财务信息不透明、抵押品不足等问题，导致获取贷款的难度较大。而供应链金融通过企业间的贸易关系和供应链中的交易来重新评估企业信用，从而使金融机构能更好地评估企业的偿还能力。这种方式不仅可降低金融机构的风险，还能使小微企业更具备融资的条件和可能性。在此背景下，小微企业可以通过应收账款融资、存货融资和预付款融资等方法快速获得资金，使企业的现金流在短期内得到极大优化。

供应链金融能通过缩短资金回笼周期来优化现金流。传统商业环境中，企业应收账款的回收周期经常较长，导致企业资金被占用时间过长，流动资金出现紧张状况。供应链金融实现了交易各方的信用共享与风险担保，通过这种方式，企业可以更快地将应收账款变现，例如通过保理业务，将应收账款提前出售给金融机构，从而得到立即的现金流入。这意味着，企业的资金周转速度大大加快，流动性也显著增强，企业的财务压力得以缓解。

供应链金融通过平台化和数字化手段，促进了资金流的透明度和管理效率。现代供应链金融平台结合了大数据、区块链、物联网等技术，通过对企业的各项交易活动进行实时监控和记录，确保了资金流动的透明性和即时性。这一措施不仅提升了供应链环节中各方的信任度，还为企业的信用评价提供了更加客观、精准的数据支撑。金融机构通过这一平台可以更快速、准确地评估企业的信用状况，从而提供更符合实际的融资方案，使资金能够更加高效、精准地流向价值创造环节，优化整个供应链中的现金流动。

供应链金融优化现金流还可以通过提升企业间的协同效应来实现。在供应链金融模式中，企业不是孤立的存在，而是通过上下游企业的持续运营而存在的一部分。通过各企业间的协同进行资金调度和优化管理，上游企业可通过预付货款的模式向下游企业提供资金支持，而下游企业则通过更具灵活性的还款方式缓解自身的资金压力。这种方式能够确保各方在供应链环节不同时期的资金需求与供给合理、平衡地匹配，使整体供应链的资金流动更为高效和稳定。

供应链金融模式还可以通过供应链信用增进、资产证券化等金融创新手段，进一步提升小微企业的融资能力和现金流管理效率。通过供应链信用增进，企业可以利用上游大企业的信用背书获得更加低成本的融资渠道，而资产证券化则可以将企业在经营过程中生成的各种应收账款等未来现金流进行打包发行，从而获得市场资金。这些手段都大大拓展了企业的融资渠道和规模，使企业的现金流更为充裕、稳定。

供应链金融在风险管理方面的优化作用同样不可忽视。通过供应链金融，企业能够更准确地进行风险预警和制定应对措施。借助金融科技手段，对企业的资金流动进行全面监控，能够及时发现可能存在的风险节点，并采取相应的防范措施。如通过信用保险、保理等方式，为交易和融资过程增加了一重保护，从而降低了风险暴露。此外，实时的数据分析也能够为企业决策提供支持，使企业在现金流管理中能够更具前瞻性和科学性。

四、金融科技在资金流管理中的角色

金融科技在资金流管理中的作用主要是通过技术手段和创新模式来提升资金流的透明度、安全性和效率，为供应链金融更好地缓解小微企业融资约束提供支持。资金流管理作为金融活动中的重要组成部分，直接关系到资金的安全和效率。借助金融科技手段，可以提供精准的资金监控、风险控制和智能决策支持，显著改进传统的资金流管理模式。

金融科技的关键技术如区块链、人工智能、大数据和云计算等，都在资金流管理中扮演不可或缺的角色。区块链技术因其固有的去中心化和不可篡改性，可以保障交易数据的真实性和安全性，使资金流在不同的节点上都能实现无缝追踪。这种透明性不仅降低了交易双方的信任成本，也大大减少了欺诈风险，从而为小微企业提供了一个更加透明和安全的融资环境。

人工智能在资金流管理中的应用，主要体现在智能算法和机器学习方面。通过对大量数据的分析和挖掘，人工智能可以实现精准的风险评估和预测，从而制定更为合理的资金分配和管理策略。当小微企业申请融资时，人工智能算法可以通过分析企业的历史数据、行业情景和市场动态，快速评估其信用风险，甚至提供实时的信用评分。这不仅提高了融资效率，也使信用评估更加客观和公正，为小微企业获得资金支持提供了坚实基础。

大数据技术在资金流管理中，则主要通过数据的收集、存储和分析，为各方提供了全面、翔实的资金流动信息。通过对交易行为、历史记录、市场动态等海量数据进行实时监控和分析，大数据技术可以快速识别出资金流中的异常情况，及时预警潜在的风险。这对于小微企业来说，能够帮助其及时调整资金流方向，避免产生不必要的财务风险。此外，大数据还可以帮助金融机构更好地了解市场需求和变化趋势，从而优化资金分配策略，提高资金利用效率。

云计算为资金流管理提供了强大的计算能力和存储资源，通过云端系统的部署和集成，可以实现资金流数据的实时共享和快速响应。云计算系统的高效性和灵活性，保证了资金流管理系统的稳定性和安全性，使各类信息和数据可以在不同部门和节点之间快速传递。对于小微企业而言，通过云端系统可以随时查询自己的资金流状况，增强了对资金的掌控能力，从而更好地规划和管理财务事项。

金融科技还通过创新的支付和清算技术，进一步提升了资金流管理的效率和便捷性。在传统模式下，支付和清算过程往往涉及多个中间环节，效率低下且成本较高。引入移动支付、电子支付和智能合约等金融科技手段，可以实现资金流的即时结算和自动化处理。这些技术的应用，使小微企业在供应链中的资金流转更加顺畅，大大缩短了资金周转周期，从而有效缓解了短期融资压力。

金融科技在风控管理中的角色也不可忽视。构建智能化的风控模型和系统，可以实时监控和识别资金流中的潜在风险，并提供针对性的解决方案。从数据收集、分析到风险识别、控制，金融科技手段可以全程参与并优化风控流程。对于小微企业而言，这意味着即便在融资过程中遇到意外风险，也能得到及时有效的应对和支持，从而提高了资金流管理的安全性和可靠性。

五、案例研究：成功的资金流管理

在当今的经济环境下，小微企业普遍面临融资难、融资贵的问题，尤其是资金流管理不善导致的资金链断裂，更是制约小微企业发展的重大挑战。在供应链金融模式中，资金流管理发挥了至关重要的作用，不仅显著缓解了小微企业的融资约束，还优化了整个供应链的运行效率。对成功案例进行研究，可以深入理解供应链金融如何有效管理和控制资金流，进而带来实际的经济效益。

许多小微企业，尤其是生产和流通领域的小微企业，受限于自身规模和信用，难以获得传统银行体系的低成本融资。然而，供应链金融借助核心企业的信用和整个供应链的合作关系，把小微企业纳入一个更广的信用体系中，通过多方合作，实现金融风险分担，从而最大限度地降低了小微企业的融资成本。

案例一：某电子零部件制造企业是一家典型的小微企业，它的问题在于应收账款周期长，但需要及时支付原材料费用。通过与某大型电子产品制造商（核心企业）合作，银行提供了一种应收账款融资模式。小微企业可以将销售给核心企业的应收账款作为质押物，获得银行的贷款。核心企业的高信用和稳定付款记录增强了银行的信任度，使小微企业能够以较低的利率获得贷款。这种模式下，小微企业不仅提高了资金的周转效率，还能够更灵活地管理现金流，同时也显著降低了融资成本和财务风险。

案例二：一家专注于快速消费品分销的小微企业，由于货物周转速度快，资金需求量大，而回款速度相对较慢，面临着严重的流动资金压力。通过引入供应链金融中的库存融资模式，这家公司将库存商品作为质押，通过与仓库和银行的合作，得到了高额短期融资。这不仅帮助企业摆脱了临时的流动资金困境，还使企业能够扩大采购规模，享受批量采购的价格优惠，从而提升毛利率。同样，通过供应链金融平台的撮合，仓库也对这些质押商品进行了严格管理，确保了风险的可控性。

案例三：在农业供应链中，一家从事农产品加工的小微企业，通过供应链金融平台实现了与银行和原材料供应商的紧密合作。平台利用区块链技术，真实记录了其每一批原材料的来源、质量和交易信息，为银行提供了透明、可靠的数据支撑。银行基于这些数据，提供了原材料采购融资，帮助企业在资金不足的情况下依然能保持生产连续性，避免了资金短缺无法采购原材料而导致的生产中断。在这个过程中，区块链技术显著提升了交易的透明度和信任度，减少了信息不对称，降低了融资风险。

从以上案例可以看出，资金流管理的成功离不开几个关键因素。首先，强大的供应链金融平台。能够整合多方资源，提供资金流、信息流、物流的综合解决方案。其次，核心企业的信用背书。极大地提高了金融机构的信贷投放意愿和信贷质量。再次，科技手段的应用。如区块链、大数据和物联网，提升了信息透明度和可追溯性，使金融风险更加可控。最后，也是最关键的，供应链金融的实施需要多方的高度协同。包括核心企业、小微企业、银行、物流企业和技术服务商等，这种协同不仅提高了效率，也大大降低了整个供应链的运作成本。

通过供应链金融的有效实施，小微企业不仅解决了短期的资金问题，更在一定程度上提升了自身的市场竞争力。这种竞争力不仅体现在资金成本的降低和资金流的优化，更体现在整体运营效率的提升和市场反应速度的加快。这对于资源相对有限的小微企业来说，无疑是一个重大的助力。

供应链金融在资金流管理中的成功应用，不仅能缓解小微企业的融资约束，还能优化整个供应链的运行效率。这种模式在提高资金使用效率、降低资金使用成本、提升企业信用和实现多方共赢等方面具有显著优势。在未来的发展中，供应链金融将会继续发挥其重要作用，不断创新和完善，为小微企业的发展提供更加高效的金融支持。

第四节　对小微企业融资成本的影响

一、融资成本的基本构成

融资成本是小微企业在寻求外部资金支持时必须面对的一个关键问题。理解融资成本的基本构成对研究小微企业的融资困境以及供应链金融如何帮助其解决这些问题至关重要。融资成本不仅包括显性的财务支出，还涵盖了许多隐性成本，全面了解这一主题能够更有效地管理和优化企业的融资策略。

融资成本包括利息成本、资金机会成本、担保和抵押物费用、信息费用和合规费用等几个方面。利息成本是一笔贷款或融资过程中最直接、最显而易见的成本。这是企业支付给资金提供者的回报。在传统金融贷款模式中，利息率是根据贷款的风险程度、市场利率水平以及借款人的信用状况等因素决定的。对于小微企业而言，由于其信用等级普遍较低，贷款利息通常较高。此外，在供应链金融模式下，参与方之间的信任关系可能会降低利息成本，供应链核心企业的信用传导效应能够有效降低融资利息。

资金机会成本是指企业在选择一种融资方式时，所放弃的其他潜在收益。假如一家小微企业选择通过供应链金融方式进行融资，那么它所放弃的其他融资渠道可能会带来不同的利率水平和费用结构，选择供应链金融可能意味着放弃了一些潜在的、更为优惠的融资机会。但是，通过供应链金融，企业可以更加灵活地调整自身的资金结构和经营策略，从长远来看可能具有更为显著的综合收益。

担保和抵押物费用也是小微企业融资成本的一个重要组成部分。由于小微企业通常缺乏足够的资产来作为抵押物，银行和其他金融机构往往要求其提供额外的担保或者高价值的抵押物来降低风险。这些抵押物不仅需要支付评估费用，还需要企业花费相应的管理和维护成本。在供应链金融中，通过应收账款融资或库存融资等方式，企业可以利用已有的供应链资产进行融资，从而减少额外担保和抵押的需求，优化融资成本结构。

信息费用是小微企业在筹集资金过程中必须承担的另一个隐性成本。获取外部资金需要企业提供详细的财务报表、业务计划和其他相关的经营信息。这些信息的准备、整理和披露过程涉及大量的人力和时间成本。而在供应链金融模式下，小微企业的信息成本可以通过供应链核心企业的信用背书来降低。在某些情况下，供应链核心企业甚至可以代替小微企业与金融机构进行沟通，减少信息不对称的问题，从而大大降低信息披露的复杂性和费用。

合规费用是指小微企业在筹集资金过程中，为了遵守相关法规和规章制度所必须支付的费用。包括法律咨询费、审计费以及相关的注册和备案费用等。特别是在跨境贸易和国际供应链金融中，企业还需要符合不同国家和地区的法律法规，这进一步增加了企业的合规成本。供应链金融通过多方参与的形式，将法律、财务等多个维度的合规要求融入整个供应链条中，减轻了单个小微企业承担的合规负担，优化了资源配置，降低了融资成本。

除了这些主要的成本构成，融资过程中还存在一些不可忽略的其他费用。例如，办事效率低下和信息沟通不畅可能导致的时间成本、政策变化和市场波动风险带来的潜在经济损失等。有效识别和管理这些隐性成本，是小微企业优化融资成本结构的重要途径。通过供应链金融，小微企业可以利用供应链中各方的资源和信息共享机制，减少不必要的等待和重复工作，提高融资的整体效率和准确性。

二、供应链金融降低小微企业融资成本的路径

供应链金融在降低小微企业融资成本方面具有独特的优势，通过整合产业链上下游资源，引导金融机构与企业共同形成风险共担机制，提升融资效率，从根本上解决小微企业融资难、融资贵等问题。供应链金融降低小微企业融资成本的路径主要表现在以下几个方面。

第一，增强信用传递。小微企业通常由于缺乏足够的抵押物和较短的经营历史，在单独申请贷款时难以获得金融机构的认可。而在供应链金融模式下，小

微企业的真实交易背景和上下游企业的信用记录成为企业信用的延伸，通过交易数据、订单信息等为金融机构提供了可信的信用参考，增强了小微企业的信用传递。大型核心企业的参与为小微企业的信用背书，金融机构借此降低了对小微企业的风险判断难度和成本，这对降低小微企业的融资成本起到了关键作用。

第二，提升资金流动效率。供应链金融通过线上融资平台和区块链等技术的运用，使资金流转的效率大大提升。资金在产业链各个节点之间快速流转，缩短了资金闲置和占用的时间。对于小微企业来说，融资的时间成本是至关重要的，资金流动效率的提升意味着小微企业能够更快地获得资金支持，从而降低由于资金短缺带来的运营风险和追加融资成本。

第三，创新金融产品和服务。供应链金融为小微企业量身定制了多种金融产品，如应收账款融资、订单融资、仓单质押等。这些金融产品针对小微企业在供应链中的具体角色进行设计，贴合其资金需求的特点。这种个性化的服务不仅提高了融资的针对性和有效性，还降低了企业因为找不到合适融资产品而增加的探索和试错成本。金融机构也因此通过更为确切的风控措施，降低了贷款利率，引导小微企业获得更为合理的融资成本。

第四，多样化融资渠道。供应链金融打破了传统金融体系中小微企业往往只能依赖银行贷款的单一融资方式，通过与互联网金融、物流金融、电子商务平台融资等相结合，多样化的融资渠道为小微企业提供了更多选择。多元化融资机制形成了有效的市场竞争，从而降低了融资成本。小微企业可以根据自身情况和融资需求，选择最适合的融资方式，避免过多的金融负担。

第五，共享信息平台和大数据技术的运用。供应链金融依托互联网技术建立信息共享平台，使小微企业在融资过程中能够充分展示其经营状况和信用记录。大数据技术的运用，使金融机构可以更加精准地评估小微企业的风险，做出更加合理的资金配置决策。数据的透明化和信用的可追溯性，减少了信息不对称带来的融资歧视问题，从而降低了融资成本。此外，区块链技术的应用，提供了可靠的数据存储和验证手段，进一步提升了金融服务的安全性和可信度。

第六，优化融资担保机制。在供应链金融的框架下，通过建立风险共担机制，如供应链中各方共同分担风险，或引入第三方担保机构提供担保服务，降低了小微企业融资过程中的担保难度。核心企业的信用背书和其在供应链中的关键地位，使金融机构对小微企业的信用评级更加宽松。金融机构通过供应链整体的风险分散，降低了单个小微企业违约带来的潜在损失，从而降低了融资成本。同时，供应链金融模式下的保理业务、信用保险等工具的引入，也有效解决了小微企业因信用不足而导致的融资难题。

第七，充分利用企业间合作关系。小微企业在供应链中的地位往往是与上下游企业保持紧密合作关系，通过供应链金融，优化了企业间的财务合作机制。上下游企业之间基于长期合作的一致性，可以通过账期调整、预付款制度等方式来调节资金流动，从而降低小微企业的融资需求。供应链金融模式下，金融机构也能够通过合作关系评估风险，提供更加优惠的融资条款，进而降低小微企业的融资成本。

三、融资成本对企业发展的影响

融资成本不仅是指企业获得资金所付出的代价，还包含了时间成本、风险成本和资源占用等要素，因此其在企业运作中具有全方位的影响。

融资成本直接影响企业的资本结构和资金链健康。资本结构决定了公司在市场上的竞争力与风险承受能力。一家小微企业，如果融资成本过高，就会导致资本负担沉重，无法有效降低财务风险。高额的利息和费用支出会挤占经营利润，进而削弱企业扩展业务和技术投资的能力。资金链的健康状况直接关系到小微企业能否顺利运作以及能否在市场中占据一席之地。一旦融资成本过高，企业的资金链紧张，还款压力增大，就有可能引发现金流危机，严重的甚至会导致企业倒闭。

紧随其后的是融资成本对企业资金使用效益的影响。较低的融资成本可以提升企业对资金的高效利用，提高投资回报率。小微企业往往规模较小，资金需求具有不规律和灵活性的特点，低成本的资金能够让企业更灵活地调整资金使用计划，如增加原材料采购、改善生产工艺、扩展市场份额等。如果融资成本太高，企业必然要更加谨慎地选择投资，使不少高回报率但同时具有一定风险的项目被搁置，久而久之会抑制企业的创新和成长。

融资成本还对企业的财务管理和预算控制产生显著影响。高融资成本需要企业具备更高效的成本控制和预算管理能力。对小微企业来说，高融资成本压缩了企业的利润空间，使每一笔开销都需慎重考虑，迫使企业在经营活动中精益求精，减少浪费和无效支出。这种压榨式的精细化管理虽然能提高企业的运营效率，但也有可能因为过度缩减预算而削弱企业在市场变化中的应变能力，无法快速响应市场机会和挑战。

融资成本决定了企业的市场竞争力。能够以低成本获取资金的小微企业往往具备更强的市场竞争优势。低融资成本的资金让企业能够以更低的价格向市场提供产品或服务，扩大市场份额。反之，高融资成本的企业因为需要通过产品定价或服务收费来弥补成本差距，最终失去价格竞争力。在某些高度竞争的行业中，融资成本成为决定企业成败的关键因素，甚至高于产品本身的质量和服务水平。

融资成本还直接影响到企业的战略决策。高融资成本可能迫使企业采取保守的经营策略，减少对未来成长性的投资，以规避财务风险。许多小微企业在始创阶段即需要高资金输入以建立市场基础，而此时如果融资成本高昂，企业在决策中便会倾向于避险，减少对新市场、新产品和新技术的投入。这不仅会限制企业的成长速度，还可能丧失宝贵的发展机遇，进一步导致企业被市场遗弃。

风险承担能力也是融资成本影响的重要方面。较高的融资成本意味着企业承担的财务风险更大，这种情况对小微企业尤为不利。小微企业本身储备资金有限，抗风险能力弱，如果在高融资成本的压力下出现经营波动，容易引发债务危机。而低融资成本使企业具备相对宽裕的现金流，从而增强企业抵御外部风险的能力，在市场不确定性中抓住逆境中的机会。

融资成本对企业员工的福利和招聘能力也有涉足。高融资成本导致利润减少，企业的薪酬福利水平会相对降低，难以吸引和留住优秀的员工，而低融资成本情况下，企业利润较高，有更多资源投入员工福利和职业发展上，进而吸引更多优秀人才，提升企业竞争力。小微企业通常在人才招聘上处于劣势，较低的融资成本可以弥补部分劣势，使企业在人力资源方面有更强的竞争力。

文化资本和品牌建设同样离不开融资成本的制约。对小微企业而言，建立良好的品牌和企业文化需投入大量资金，而高融资成本会削减这方面的预算。品牌和文化建设是长远投资，良好的企业品牌和文化不仅能增强市场信任度，还能稳定客户关系，从而促进企业的持续发展。高融资成本势必导致企业将更多资源集中于短期效益项目，忽略这些有助于长期发展的建设工作。

四、比较不同融资模式的成本

在深入探讨小微企业融资成本的不同融资模式之前，有必要了解传统融资模式与现代供应链金融的基本特征与关键区别。通常，小微企业因为规模较小、信用等级较低、信息不透明等，在传统银行贷款中面临诸多困难及高昂的融资成本。这些企业缺乏足够的抵押物和担保，导致贷款无法获得或贷款利率过高。此外，银行出于风险控制考虑，往往采取更严格的审查程序和较长的审批流程，这不仅增加了融资成本，还削弱了小微企业的资金周转效率。

在传统的银行贷款模式下，小微企业面临的融资成本具体体现在多个方面。首先，资金成本。传统银行贷款的利率通常较高，即使能够获得贷款，也往往以较高的利率进行加权定价。其次，时间成本。因为银行需要详细审查借款人及其经营状况、财务状况等，审批时间较长，小微企业因而无法及时获得所需资金。再次，手续成本。传统银行贷款流程繁杂，包括多次面谈、材料准备、各类合同签署等，这些操作程序占用了企业大量的时间和人力资源。最后，小微企业还需要承担隐形成本，如与银行沟通的不确定性、申请失败的风险等。

相比传统银行贷款模式，供应链金融是一种基于产业链条的融资方式，它强调基于核心企业与小微企业之间的贸易关系进行融资。供应链金融将核心企业的信用权限扩大到上下游企业，通过供应链整体信用增进机制，解决上下游小微企业的融资难题，从而降低其融资成本。

在供应链金融模式下，小微企业的融资成本主要体现在资金成本、时间成本和手续成本三个方面，但具体情况与传统银行贷款有显著不同。首先，资金成本。在供应链金融模式中，由于借款小微企业通过核心企业的贸易关系获得融资，相较于独立向银行借款，可以获得较为优惠的利率条件，因为核心企业的信用评级往往较高，可以有效分散银行风险；同时，基于核心企业信誉的担保机制，降低了银行对小微企业个体风控的要求，进一步压低了融资成本。其次，时间成本。利用供应链金融，小微企业的贷款申请与审批流程更加简便、高效，因为此模式依托于长期稳定的上下游贸易数据，银行通过对核心企业及其上下游关系的整体态势进行评估，更容易获得准确信息，审批时间也相应缩短。最后，在线化、电子化的供应链金融平台使融资程序更为方便快捷，减少了冗长的等待时间及投入。再看手续成本，供应链金融依托已有的贸易合作关系，减少了冗杂的流程和烦琐的手续，申请材料更集中，简化了贷款所需的产业链察看与评估资料，服务费、管理费等附加成本也相应降低。与传统银行贷款相比，供应链金融中手续流程的简化和信息透明度的提升，使小微企业的负担得以减轻。

若具体分析企业如保理融资、应收账款融资、仓单融资等供应链金融的具体模式，其影响更为明显。保理融资中，小微企业将未到期的应收账款转让给银行或保理公司，通过提前变现以获取流动资金，保理公司与银行之间的信誉共享机制降低了融资风险，同时减少了对小微企业自行担保的需求，实现了用贸易信用为融资抵押，降低了融资成本。在应收账款融资模式中，小微企业可以依据其与核心企业的真实贸易背景，利用核心企业的信用评级和应收账款作为质押，银行大幅减轻风控压力，加快贷款审批速度，达到低成本融资目的。在仓单融资中，小微企业将原材料或产成品存储于指定仓库，利用仓单作为质押获得银行融资，为仓储在供应链中的实际存在及价值评估提供了高可信度担保，降低了银行风险，提高了小微企业的融资成功率和利率优惠度。

第五节　供应链金融与小微企业融资需求的匹配

一、小微企业的融资需求特征

小微企业的融资需求特征可以从多方面深入阐述，包括但不仅限于融资需求的多样性与紧急性、融资渠道的多样化选择、融资成本的敏感性、信用资质的特殊性等。这些特征在供应链金融环境下尤为突出，进一步强调了理解这些特征对于优化小微企业融资途径的重要性。

小微企业由于规模较小，内部管理体制相对不完善，其融资需求表现出较强的多样性与紧急性。首先，在经营过程中的资金需求存在周期性的波动，特别是受市场环境变化的影响较大。小微企业经常需要在短时间内获得资金以应对突发的市场机会或不可预见的业务风险。与大型企业相比，小微企业在遭遇资金短缺时更难以迅速调动内部资源或从传统金融机构获得足额和及时的资金支持。因此，小微企业更需要一种能够快速响应、灵活应对的融资机制，以满足其多变且急迫的资金需求。

小微企业融资需求的多样化还体现在融资渠道的选择上。传统金融机构如银行倾向于为大型企业提供贷款服务，而对于小微企业，尤其是那些缺乏足够抵押资产、信用记录薄弱的小微企业，传统银行贷款门槛较高。小微企业不得不寻求其他渠道，如金融科技公司、P2P网络借贷、供应链金融等新兴融资方式。这种渠道的多样化现象揭示了小微企业在融资时面临的一大挑战，即如何在复杂、多变的金融市场环境中找到最适合自身发展的融资途径。相比于单一的银行贷款，小微企业往往更倾向于选择那些可以提供更加灵活、快捷的融资服务的渠道。

在融资成本方面，小微企业对融资成本的敏感性较强。由于小微企业的规模较小，利润空间有限，高昂的融资成本可能会对其商业运营造成较大压力。当融资成本过高时，小微企业的融资需求往往会受到制约，甚至可能导致无法获得足够资金来支持其运营与发展。这种成本敏感性进一步使小微企业在进行融资决策时更加谨慎，避免因高成本融资对其业务造成负面影响。因此，如何为小微企业提供低成本的融资渠道成为解决其融资困难的关键之一。

除此之外，小微企业的另一个显著特征是信用资质的特殊性。许多小微企业由于成立时间较短或资质较弱，难以满足银行等传统金融机构的贷款审核标准。这些企业因缺乏稳定的财务报表、充分的抵押物及信用记录，通常被视为高风险客户，从而难以获得贷款。这种信用资质的不足反映了小微企业在金融市场中的弱势地位，也揭示了其在面对融资问题时的现实困境。

上述特征在供应链金融环境下尤为显著。供应链金融作为新型金融服务模式，通过核心企业的信用延伸为上下游小微企业提供融资支持，能够有效解决小微企业的融资难题。在供应链金融体系中，核心企业的信用资质被视为重要的风险控制手段，通过核心企业的信用背书，小微企业可以较容易地获得金融机构的信任，从而享受到快捷、低成本的融资服务。与此同时，供应链金融借助信息流、物流和资金流的整合，为小微企业提供了透明度更高、风控更严密的融资环境，有助于提高小微企业的融资效率和整体信用水平。

供应链金融还可以通过构建生态系统，促进小微企业与核心企业以及金融机构之间的合作与信任。核心企业作为供应链中的关键节点，不仅充当了信用中介角色，还通过对上下游小微企业的业务扶持和供应链资源的共享，增强了供应链整体的稳定性。这样的协同效应进一步减轻了小微企业的融资压力，使其能够更加专注于主营业务的拓展和创新。

二、供应链金融的产品创新

供应链金融的产品创新在现代经济环境下，对于缓解小微企业的融资约束具有重要意义。小微企业由于自身规模限制、资产劣势和信用积累不足，面临着融资难、融资贵等问题。然而，供应链金融通过对供应链上下游企业之间的关系以及物流、信息流、资金流的整合与优化，能够创新出一系列适应小微企业实际需求的金融产品。

供应链金融产品创新的核心在于借助供应链的系统性和关联性，通过集成信息流、商流、资金流和物流，设计并推出符合小微企业特点和需求的金融服务。传统的金融产品往往注重企业的财务状况和抵押资产，而供应链金融更加关注企业在供应链中的地位与作用，通过其在供应链中的交易能力和信用积累进行信用评估，设计出更灵活多样的金融产品。

应收账款融资是供应链金融的一大创新。小微企业在供应链中常因其上下游企业的信用问题而面临账期延长、应收账款周转时间过长等问题，应收账款融资格外成为一种有效的解决方案。通过供应链金融，企业可以将未来应收账款抵押给金融机构，从而提前获得资金。银行和其他金融机构基于对核心企业信用的评估进行风险定价和额度设定，减少小微企业因账期拖延而产生的资金缺口。这样的应收账款融资模式不仅使小微企业获得了所需资金支持，还提高了整个供应链的流动性。

动产融资也是供应链金融产品创新的重要形式。小微企业很多时候拥有大量的库存和原材料，但却无法将其转化为流动资金。通过供应链金融，这些存货、原材料等动产可以作为抵押物进行融资。物流信息和动态管理技术的应用，使金融机构能够实时监控抵押物的数量和状态，从而降低融资风险。对于缺乏固定资产的小微企业来说，动产融资为其提供了一个新的融资渠道，极大地解决了其资金不足的问题。

供应链金融下的票据融资，例如商业承兑汇票、银行承兑汇票等，也是重要的创新产品。小微企业可以通过票据的贴现、质押等方式获得融资，从而满足其短期资金需求。票据融资的安全性较高，因为票据本身具有较强的法律保障，其他金融机构可以通过银行或第三方中介进行资金保障。票据还可以在交易链中的不同节点进行流转，提高资金利用效率，从而有效缓解小微企业的资金压力。

预付款融资是供应链金融的另一种产品创新。对于小微企业来说，预付款是采购、生产等环节中常遇到的难题。金融机构可以基于供应链中的上下游交易信息，为小微企业提供预付款融资服务。通过对供应链整体情况的监控和分析，评估整个供应链的信用及资金流动情况，金融机构能够为小微企业提供有针对性的融资方案。这种预付款融资不仅能帮助小微企业解决采购资金问题，还能保障供应链稳定运行，提升各环节的协作效率。

供应链金融服务平台的建立也是供应链金融产品创新的重要内容。传统的融资渠道多依赖线下操作，手续烦琐且"信息孤岛"现象严重，极大限制了小微企业的融资效率。通过现代信息技术搭建的供应链金融服务平台，将上下游企业、金融机构、物流服务商等多方信息进行互联互通，实现信息透明化。企业可以在平台上便捷地进行融资申请，金融机构也可以基于平台的数据进行风险评估，提供精准的金融服务。借助大数据、区块链等技术手段，平台的风控能力、效率执行力都能够得到大幅提升，从而解决小微企业融资过程中的信息不对称问题，提高融资效率和成功率。

供应链金融宝和供应链金融保险等产品也是近期的创新领域。供应链金融宝作为互联网金融的一种创新产品，直接将投资者的资金注入供应链中的融资需求方，通过信息撮合实现资金高效配置。供应链金融保险则为各类供应链金融产品提供担保和风险分担，降低了企业和金融机构的风险，使供应链金融产品更加可靠和稳健。

三、供应链结构与融资需求的匹配

供应链结构与融资需求的关系在一定程度上决定了供应链金融能否有效地缓解小微企业的融资约束。供应链结构通常包括核心企业、供应商及分销商等不同环节的团体和个体，其复杂性决定了金融服务的针对性和适用性。

供应链结构中的核心企业通常具有较强的资金实力和信用背景，能够影响上下游企业的资金流动和融资情况。小微企业往往处于供应链的末端或者是供应链中的较弱环节，融资困难是它们面临的主要挑战之一。有了核心企业的信用支持，小微企业可以找到更为便捷和低成本的融资渠道。例如，核心企业可以通过签发商业承兑汇票或者商业信用证来支持小微企业，这些票据不但能够在市场上流通，还可以在银行或者其他金融机构进行贴现从而获得所需资金额度。核心企业良好的信用评级和稳定的经营状况对提升票据的可贴现性有重要作用。

供应链金融模式之一是应收账款融资，它在供应链结构中具有重要应用。在这一模式下，小微企业将应收账款抵押给金融机构，以换取短期融资。这种方式有效利用了小微企业持有的应收账款资源，避免了因现金流不足而影响企业正常运营。关键在于，对核心企业信用的依赖能够降低金融机构的风险评估难度和风险等级，从而实现较低的融资成本和较快的融资速度。对于供应链末端的小微企业，确保应收账款的真实性和可回收性是金融机构提供融资服务的重要依据。

预付账款融资也是供应链金融中较为常见的模式。供应链结构中的某些关键节点企业会在采购订单确定后，向上游供应商提前支付部分款项，从而确保供应的稳定性。在这一模式下，核心企业的采购订单作为融资的依据，将预付款项转移给小微企业，再由小微企业进行生产或采购，完成供货后回款。这种方法不仅能减轻小微企业的现金流压力，还能够提高生产效率和供应链整体反应速度。但这里需要注意的是，核心企业的信誉和履约能力在很大程度上影响了金融机构对预付款项融资的信心和实际操作的稳健性。

仓单融资是另一种供应链金融的应用模式，适用于小微企业在供应链中承担物资流转角色的情形。小微企业将库存商品作为质押物向金融机构申请融资，金融机构则会根据库存商品的市场价值和质押率来提供相应的融资额度。这一过程极大地依赖于供应链结构的稳定性、质押商品的市场价值以及企业信用。金融机构需要对质押商品进行严格评估和定期检查，确保符合融资协议。另外，仓单融资通常涉及存货管理和物流仓储的协同操作，对供应链协同效率要求较高。

订单融资是一种结合了实际订单和金融服务的新型供应链金融模式。在这一模式下，核心企业向供应链中的小微企业下达订单，小微企业则利用该订单作为贷款申请的抵押物向金融机构申请融资。订单融资有效利用了核心企业的市场需求和信用背书，提升了小微企业获取融资的机会和效率。这种方式的风险控制主要依赖于核心企业的履约能力和市场稳定性，金融机构对此类融资业务的审核过程要求更加严格和精细。

不同的供应链结构决定了不同的供应链金融模式的适用性。根据供应链具体情况选择适合的小微企业融资方式，不仅能够提高小微企业的融资成功率和资金额度，而且有助于优化供应链整体结构，提高供应链运转效率。供应链金融的核心在于解决信用信息不对称和提高资金利用效率，相应地，供应链各环节的协同操作对于融资业务的风险控制至关重要。这需要核心企业、小微企业与金融机构之间建立起紧密的合作关系，增强信息透明度和信任度。

金融技术的发展也在不断改变供应链金融的模式，使其更加智能化和高效。区块链技术、物联网、大数据分析等在供应链金融中的应用，使供应链中的各环节更加透明和可追踪，提高了融资过程的效率和安全性。例如，区块链技术可以记录和验证供应链中的交易信息，确保信息的真实性和不可篡改性。物联网技术能够实时监控质押物的状态，大数据分析可以对供应链各环节的经营状况进行实时评估，提高融资决策的精准度。

四、市场需求对供应链金融的影响

市场需求对供应链金融的影响是一个十分重要且复杂的课题，这个课题关注的是市场需求变化如何直接或间接地作用于供应链金融的各个环节，从而影响小微企业的融资状况。市场需求是经济活动的风向标，它不仅影响着生产制造和商品流通，还直接作用于金融体系，特别是作为桥梁的供应链金融体系。

市场需求变化在企业的现金流和库存管理上表现最为明显。应对市场需求的波动，企业需要合理计划生产规模和库存量，以便既能满足市场需求的变化，又能避免因供货不足或过剩造成的资源浪费。供应链金融在此过程中扮演了至关重要的角色，借助其独特的技术手段和服务方式，可以帮助企业精准把握市场需求的变化，从而优化其生产和库存管理。同样，小微企业因规模较小，抗风险能力较弱，需求预测不准确往往会导致更大财务压力，供应链金融通过提供合理的融资方案和金融服务，可以有效缓解这一问题，增强小微企业的市场适应能力。

市场需求对供应链金融的影响还体现在融资成本和风险控制等方面。随着市场需求增长、企业营业收入增加，供应链上的各个节点企业也相应获得更好的资金流动性，从而降低融资成本。这对于小微企业尤为重要，因为它们的融资成本通常较高，通过供应链金融，尤其是在市场需求旺盛的时候，可以大幅降低其融资成本，改善财务结构。同时，通过供应链金融，金融机构能够紧密跟踪企业的经营状况，及时掌握市场需求变化，从而更好地评估融资风险，提高信贷资源的配置效率。在市场需求下降的情况下，供应链金融可以通过调整融资策略，及时提供信用担保，支持企业渡过难关。

信息技术的应用是市场需求影响供应链金融的重要桥梁。现代供应链金融大量运用大数据、人工智能等技术，这些技术提取和分析市场需求变化的实时数据，帮助金融机构和企业及时发现市场动态并做出相应调整。例如，通过大数据分析，供应链金融服务商可以实时监控市场需求趋势，提供个性化的融资产品和服务，这样小微企业可以借助现代科技工具，及时调整生产和销售计划，优化库存管理，降低市场需求波动带来的不确定性风险。市场需求的数据化处理不仅提高了信息透明度，更增强了供应链金融服务的精准性和灵活性。

市场需求的多样性和个性化也带来了新的挑战和机遇。传统金融服务模式难以应对复杂多变的市场需求，而供应链金融通过嵌入产业链的多层次、多角度服务体系，能够满足不同企业的多样化需求。在市场需求日益复杂的背景下，供应链金融可以通过灵活的融资方案和定制化的服务，帮助小微企业应对市场的快速变化，提升其市场反应速度和竞争力。同时，市场需求的不断变化也迫使供应链金融不断创新金融产品和服务模式，这不仅推动了供应链金融的快速发展，也为小微企业提供了更多的融资选择和支持。

市场需求的波动对供应链各个环节的协调和协同提出了更高的要求。在供应链金融体系中，企业与金融机构、供应商、分销商等各方面的紧密合作变得尤为重要。市场需求的变化需要各方及时沟通与协调，确保供应链的高效运转和资源的最优配置。供应链金融通过优化资金流动和信息流动，提高供应链的透明度和合作效率，帮助企业更好地应对市场需求变化，实现供应链的协同发展。对于小微企业来说，这种紧密的供应链协同不仅能改善其资金状况，还能提高其市场竞争力和可持续发展能力。

市场需求变化的长期趋势对供应链金融的发展战略也具有深远影响。供应链金融服务提供商需要根据市场需求的发展趋势，不断调整和优化其服务模式和产品结构，确保其服务能够及时适应市场需求的变化。对小微企业而言，市场需求的长期增长趋势将为其提供更广阔的发展空间和更多的融资机会。通过供应链金融，小微企业可以更好地获取市场信息，提高市场反应速度和适应能力，抓住市场发展的机遇，实现自身的持续健康发展。

第六节　提升小微企业融资效率的方法

一、提升融资效率的主要瓶颈

小微企业在融资过程中面临诸多瓶颈，每个瓶颈都从不同方面影响了小微企业的融资能力。这些瓶颈相互作用，共同影响了小微企业的融资环境和融资效率。

第一，信用风险。小微企业普遍存在财务信息不透明、管理不规范等问题，导致金融机构在进行信用评估时难以准确判断其信用风险。这种信息不对称使金融机构对小微企业的信任度较低，往往要求更高的担保或抵押物，进一步增加了小微企业的融资成本和难度。同时，小微企业本身资产有限，无法提供足够的担保物品，从而被拒绝贷款的概率极高。

第二，过于复杂的审批流程。金融机构的贷款审批流程往往烦琐且耗时，包括初步评估、信用调查、审批以及放款等多个环节，每个环节都需要大量的人力、物力以及时间成本。这种复杂的流程增加了小微企业获取融资的时间成本，使得许多急需资金的小微企业无法及时获得资金支持，可能会错失商机或陷入经营困境。此外，金融机构的审批流程存在固有的不确定性，即使小微企业在前期准备了大量材料，也不能保证最终能够通过审批，从而带来了融资的不确定性。

第三，资本供给不足。与大型企业相比，小微企业规模小、抗风险能力弱，不容易受到资本市场的青睐。许多投资机构和银行更倾向于将资金投向大型企业或有政府背景的项目，以确保资金的安全性和稳定回报。小微企业由于其业务规模有限、市场竞争力较弱，很难通过传统金融渠道获得足够的资本支持，这样的供需不平衡进一步加剧了融资难问题。此外，投资者对小微企业的风险偏好较低，也削弱了资本市场对小微企业的支持，为提升小微企业融资效率带来了额外的挑战。

第四，融资成本高企。在金融机构看来，小微企业风险高、收益低，为了覆盖潜在的损失，往往会对小微企业收取较高的利率和各类手续费。这些成本不仅增加了小微企业的运营负担，还在很大程度上限制了小微企业的资金流动性。高融资成本让小微企业在资金周转时捉襟见肘，难以扩展规模或进行创新，对于那些希望通过研发新产品进入新市场的小微企业来说，进一步恶化了竞争环境。

第五，小微企业往往缺乏有效的信息沟通渠道，导致融资效率低下。许多小微企业缺乏专业的财务管理和信息披露能力，无法为金融机构提供准确、透明的财务数据。而金融机构往往依赖这些数据来进行风险评估，这种信息不对称加剧了小微企业的融资难问题。再加上小微企业与金融机构之间缺乏有效的沟通平台，使金融服务难以精准覆盖，最终影响了资金的有效配置。尽管一些中介机构试图填补这种信息鸿沟，但由于缺乏标准化的服务流程和专业技能，往往效果不佳。

第六，监管与政策环境的不完善。尽管政府出台了一系列支持小微企业发展的政策，但实际操作中往往面临落地难、实施不到位等问题。例如，一些优惠贷款政策在具体执行时往往存在审核严格、门槛高等问题，使许多符合条件的小微企业难以真正享受到政策红利。此外，不同区域之间政策存在差异，也导致小微企业在全国范围内的融资策略难以统一，增加了其融资成本和难度。

第七，信用体系的不健全。在很多地区，小微企业信用评级体系尚不完善，导致金融机构难以借助信用评级这一工具来准确评估小微企业的信用状况。多数金融机构只能依赖实地考察和人工审核，既增加了评估成本，又降低了评估效率。信用体系的不健全还使小微企业在进行跨区域融资时面临诸多不确定性，进一步制约了其融资效率。

第八，科技手段的不足。尽管金融科技发展迅速，但在许多中小微企业中，科技手段并未得到广泛应用。无论是互联网金融平台，还是大数据风控技术，对于许多小微企业而言，仍然是陌生的。如果小微企业不能有效利用这些新技术工具，就难以突破传统金融模式的限制，依然面临高融资成本和长融资周期的问题。

第九，非正规融资手段的滥用。由于正规渠道融资困难，不少小微企业被迫选择民间借贷、高利贷等非正规融资方式，这不仅增加了企业的财务风险，也带来了潜在的法律和社会问题。相比正规金融渠道，非正规融资方式缺乏透明度和法律保障，容易出现纠纷和不稳定因素，导致小微企业陷入资金困境。

二、供应链金融增强融资效率的案例

供应链金融作为一种创新性的融资模式，正成为缓解小微企业融资约束的重要工具。在实际操作中，通过供应链金融可以有效提升小微企业的融资效率，促进其健康发展。其中，具体的案例可以直观地展现这一机制的操作流程和效果。

一个典型的案例是某物流公司的运作模式。这家物流公司主要为中小企业提供货物运输服务，其核心企业是一家大型制造企业。制造企业对物流公司的支付周期较长，导致物流公司面临较大的资金周转压力。为了缓解这一压力，物流公司尝试通过供应链金融来获取融资。

物流公司与制造企业达成协议，通过供应链金融平台将未结算的应收账款作为质押物，以此获得银行的贷款。供应链金融平台在整个流程中扮演了重要的中介角色，它不仅提供了应收账款的数字化管理和验证服务，还帮助双方企业对接银行资源。在各方合作、数据透明和信任的基础上，银行根据制造企业的信用评估结果和物流公司的应收账款情况，为物流公司提供了相应的授信额度，最终顺利实现了资金的快速流转。

通过这种方式，物流公司不仅迅速解决了资金流转难题，还有效缩短了融资时间、降低了融资成本。同时，因制造企业的信用度较高，银行的风险也得到了有效控制。这一供应链金融案例显示了其在提升小微企业融资效率方面的显著成效。

另一个案例可以看一家电子产品供应链公司的运营情况。这家公司位于产业链的中间环节，主要负责核心企业与多家小微企业供应商之间的采购和分销工作。在传统的商业模式下，小微企业供应商往往面临着回款周期长、融资成本高、融资渠道狭窄等问题，从而导致企业运营困难和发展受限。

在该公司的供应链金融模式中，通过与一家商业银行和第三方金融科技公司的合作，供应链金融平台根据核心企业与供应商之间的交易数据，为小微企业供应商提供了一种新的融资渠道。具体操作过程为小微企业供应商通过平台提交其对核心企业的应收账款，经平台审核和核心企业确认后，银行迅速为小微企业供应商提供融资支持。供应链金融平台在整个流程中确保了交易数据的真实性和透明度，使银行能够基于真实的供应链交易数据和核心企业的信用进行放贷，显著缩短了风险评估的时间且降低了成本。

这个案例直观展示了供应链金融如何通过数据驱动和信用共享的机制，使小微企业供应商获得了更加便捷和低成本的融资支持。这不仅提升了小微企业的资金周转效率，也促成了整个供应链条的高效运作和健康发展。

再来看一个创新型农业供应链金融的成功案例。一家农业科技公司在推广智能农业设备的过程中，发现广大农户因无法及时获得贷款购买设备而被迫推迟生产计划，导致农作物产量不高，收入不稳定。为了帮助农户解决资金问题，该农业科技公司构建了一套基于供应链金融的解决方案。

该公司联合一家股份制商业银行和一个农业物联网平台，推出了一种"设备融资租赁"的模式。农户通过物联网平台提交农田信息、生产计划、设备需求等数据，农业科技公司基于这些数据进行评估并出具订单，然后通过供应链金融平台将设备订单生成应收账款合同，将这些合同作为质押物，商业银行迅速为农户提供贷款。

这种模式的典型特点是各方通过数据共享和信用互认，实现了便捷、高效、低成本的融资运作。农户在获得贷款后，可以立即使用农业科技公司的智能设备，提前开始生产计划，提高农作物的质量和产量，以更高的市场收益逐步偿还贷款。这一创新的供应链金融模式不仅优化了农户的融资效率，还促进了智能农业设备的推广和使用，提升了整体农业生产力和利润率。

通过这些案例可以看出，供应链金融在实际应用中不仅解决了小微企业的融资难题，而且通过数字化、透明化和信用共享的机制，大大提升了融资效率。无论是物流公司、电子产品供应链公司还是农业科技公司，都在供应链金融的支持下，实现了资金的高效周转和业务的快速发展，从而推动了整个行业甚至整个经济生态的健康可持续发展。

三、科技和数据对融资流程的优化

科技的进步，尤其是数字化技术的大规模应用，彻底改变了传统的融资流程模式。在供应链金融中，科技和数据不仅提高了小微企业的融资效率，还显著降低了融资成本、融资风险。这部分主要探讨科技和数据在优化小微企业融资流程方面的具体应用和实际效果。

在优化融资流程的初期阶段，数据的采集和分析尤为重要。传统小微企业的融资流程中，企业信息往往并不透明，这增加了金融机构评估企业信用风险的难度。通过科技手段，可以实现对企业数据的全面收集和分析。物联网技术、传感器和RFID等设备使供应链中的物品从原材料采购到产品销售的每一个环节都被实时追踪和记录。这些数据包括库存水平、生产进度、销售数据、物流信息等，能够全面反映企业的经营状况。

通过大数据分析技术，这些海量数据可以被有效整合和挖掘。利用机器学习和人工智能算法，金融机构可以对企业的经营状况、现金流、市场需求等进行精准预测，从而更准确地评估企业的信用风险。智能风控系统能够自动识别潜在的风险信号，大幅提升了风险判断的准确性。金融机构可以基于这些技术手段来制定更为灵活和精细的授信策略，既能保证资金的安全，又能有效提高对小微企业的融资效率。

在信贷审批阶段，科技手段的应用进一步加速了融资流程的进行。传统的信贷审批过程通常需要大量的人工审核，且操作烦琐、过程较长，严重影响了融资效率。基于区块链技术的电子合同和智能合约能够在申请、审批、签订、履行等环节实现自动化和全程留痕，这不仅提高了效率，还增强了信息的透明度和安全性。区块链作为一种去中心化的分布式账本技术，能够保障数据不可篡改，确保创新供应链金融流程的可靠性和公信力。

此外，互联网和移动支付的发展使融资资金的转移更加快捷和方便。过去，小微企业在获得贷款后，资金到账的时间可能会受到各种因素的影响，延迟了资金的周转。而通过在线支付系统，资金可以在几分钟甚至几秒钟内转入企业账户，大大提高了资金使用的效率。同时，金融科技平台通过大数据技术能够实时监控资金使用情况，确保资金用途符合贷款合同约定，有助于提升风控能力。

科技和数据的使用不仅优化了融资流程，还为小微企业提供了多样化的融资渠道。传统融资渠道通常集中在银行等大金融机构，而科技的发展催生了许多新的融资模式，如P2P借贷、众筹融资等。这些新型金融平台通过技术手段降低了信息不对称、提供了更加便捷的融资服务。更重要的是，这些平台通常具有较强的灵活性，可以根据小微企业的具体需求进行定制化的服务，从而有效满足不同企业的融资需求。

服务于小微企业的供应链金融平台，在开展融资业务的过程中，对于数据的安全性要求也很高。数据在融资流程中的传递必须保证信息的机密性和完整性，通过加密技术和安全协议能够有效保护企业信息的安全，防止数据泄露和滥用。企业在融资活动中，可以放心地提供自身的经营数据，而金融机构则可以基于这些可靠的数据开展详细的风险评估和授信，降低了融资过程中的不确定性。

在科技和数据的支持下，融资流程的透明度得到大幅提升。通过可视化的界面和实时数据展示，企业和金融机构都能够清晰地看到融资流程的每一个环节进展情况，减少了信息不对称和沟通成本。从融资申请到审批，再到资金到账，整个流程的状态和进展都能够在线上实时查看和跟踪，这在很大程度上提升了双方的协作效率，也增强了互信。

为了适应不断变化的市场环境，金融机构和小微企业需要不断进行数字化转型。通过构建灵活、高效的数据平台，金融机构可以更好地响应小微企业的融资需求，及时提供金融支持。同时，小微企业也可以通过数字化手段提高自身管理水平和经营效率，从而增强市场竞争力。两者相辅相成，共同推动供应链金融的良性发展。

四、政府政策支持与融资效率

政府政策支持在提升小微企业融资效率方面具有重要作用。通过减少信息不对称、提供直接资金扶持、引导金融创新、改善营商环境、推动金融信息化和普惠金融发展，以及制定有针对性的专项政策和提供教育培训，政府可以从多个维度为小微企业创造更有利的融资条件并大幅提升其融资效率。

政府出台的政策可以通过规范金融市场秩序、减少信息不对称的方式，直接提高小微企业的融资效率。信息不对称是小微企业融资难的主要原因之一，特别是在信贷市场中，银行等金融机构往往缺乏对小微企业财务状况、经营能力等方面的全面了解，从而增加了风险溢价。政府通过建立和完善企业信用评级体系，鼓励和扶持第三方信用评估机构的发展，可以有效减少信息不对称。这不仅有助于金融机构更准确地评估小微企业的信用风险，从而降低贷款利率和提高贷款的可获得性，还可以帮助小微企业建立更完善的信用记录，使其未来获得更多的融资渠道。

政府在政策方面的支持还体现在直接的资金扶持和贴息政策上。政府可以设立专门针对小微企业的融资担保基金，面对小微企业特别是初创期、成长期企业较高的信贷风险，政府担保基金能够分担一部分风险，打消金融机构放贷的顾虑。对于信用较好的小微企业，政府还可以通过贴息政策，降低其融资成本，贴息政策不仅减轻了小微企业的财务负担，同时也提高了金融机构放贷的积极性。

政府政策还可以支持和引导金融创新，拓宽小微企业的融资渠道。通过政策引导，政府鼓励金融市场推出多种创新金融产品，如供应链金融产品、应收账款融资、订单融资等。这些金融产品更加贴近小微企业的实际需求，通常具有审批快捷、抵押要求低的特点，更适合小微企业的融资需求。同时，政府还可以通过财政奖励、税收优惠等手段，吸引更多金融机构和社会资本参与小微企业融资，形成多层次、广覆盖的融资服务体系。

政府还可以通过改善小微企业的外部营商环境，间接提升其融资效率。宽松的政策环境、丰富的市场资源和良好的法治环境，都能够增强小微企业的竞争力和信贷吸引力。一方面，政府可以通过简化企业注册程序、降低税费负担、优化监管政策等措施，积极改善小微企业的经营环境，减少其经营成本，增强其盈利能力；另一方面，政府要严厉打击不良贷款和恶意逃债行为，完善相关法律法规，营造诚实信用的市场环境，从而提升金融机构的放贷信心和积极性。

政府通过推动金融信息化和普惠金融的发展，也能提高小微企业融资效率。通过大数据、区块链等新兴技术，政府可以建立互联互通的金融信息平台，打破金融"信息孤岛"，提升信息流通效率。利用这些技术，金融机构能够更便捷地获取小微企业的信用信息和经营数据，更精准地进行信用评估，减少放贷风险。同时，政府大力倡导和支持普惠金融发展，通过拓展农村金融、社区金融等多种形式的基层金融服务网点，可以提升小微企业特别是偏远地区小微企业的融资可得性和便利性。

对于特定行业和地区，政府还可以制定相应的专项政策，根据小微企业的特点给予有针对性的融资支持。比如，对于创新性高科技企业，政府可以设立专项研发基金、创新基金等，为这些企业提供无偿资助或低成本贷款，扶持其创新研发项目。对于资源匮乏、经济发展滞后的地区，政府可以采取区域性优惠政策，如提供较低利率的贷款、设立区域性小微企业发展基金等，助力这些地区的小微企业获得更多的融资支持。

政府还可以通过教育培训和信息化手段，提高小微企业主和管理人员的金融素养和管理能力，间接促进其融资效率。从长远来看，政府可以与高校、科研机构合作，开展小微企业经营管理、财务知识、信用管理等方面的培训，提升小微企业的风险管理水平和经营能力。通过这些方式，小微企业不仅能够更好地应对市场变化和经营挑战，还能够在融资过程中提供更加翔实和可靠的经营数据，增强金融机构对其的信任。

第五章　供应链金融的政策环境

第一节　政府对供应链金融的支持政策

一、财政补贴和资金支持

财政补贴和资金支持是政府促进中小微企业融资环境改善的重要措施之一。这些政策措施不仅能够直接缓解中小微企业的融资困境，还能通过多种途径间接提升其融资能力和经营效率。

财政补贴往往以利息补贴、税收减免等形式出现，旨在降低中小微企业的融资成本。中小微企业由于信用等级低、风险高，在传统金融市场中难以获得低成本的融资。而通过提供利息补贴，政府可以直接降低企业的财务成本，增强其融资能力。这种补贴还可以提升企业的竞争力，使其在市场中的地位得到巩固。例如，通过对供应链金融中的核心企业以及中小微企业提供利息贴息政策，可以鼓励更多的金融机构参与到供应链金融服务中，提升整个供应链的活力。这些补贴既能减轻企业的财务负担，又能避免过高的融资成本对其发展的阻碍。

税收减免是另一种形式的财政补贴，能够通过减少企业的税负，间接提高其融资能力和抗风险能力。政府可以对从事创新型供应链金融服务的企业或者在供应链金融中表现良好的中小微企业实施特定的税收优惠政策。一方面，税收减免可以降低企业的运营成本，增加其净利润，提高其自有资本积累速度；另一方面，税收政策的优惠也可以吸引更多的企业参与到供应链金融的生态系统中，促进整个行业的健康发展。这些税收减免措施不仅是对企业经济负担的直接减轻，更是对其创新和发展模式的积极鼓励，促进其在市场中的生存和壮大。

在财政补贴之外，政府的直接资金支持也是缓解中小微企业融资约束的重要手段。政府可以设立专门的供应链金融发展基金，注入公共财政资金，支持中小微企业的发展。这些资金通常以低息贷款、股权投资或者担保的方式提供给企业。通过低息贷款，企业可以获得比市场借款更加优惠的融资条件，降低财务成本，提升经营能力。股权投资则可以直接为企业增加资本，增强其财务实力和信用等级，使其在未来融资时享有更大的优势。担保措施可以由政府出资设立专项担保基金，为中小微企业的贷款提供信用担保，降低金融机构的风险，从而鼓励更多的金融机构为中小微企业提供贷款服务。这样不仅能扩大中小微企业的融资渠道，同时也能促进金融机构的积极参与，形成一种良性循环。

政府还可以通过设立技术改造和研发专项资金，鼓励中小微企业进行技术创新和工艺改进，从而提升其核心竞争力和市场竞争力。供应链金融的发展离不开科技创新，政府对技术研发的资金支持可以帮助企业在技术革新中取得突破，提升其产品质量和生产效率，从根本上改善企业的财务状况。这样的资金支持不仅能够缓解企业的短期融资压力，更能助力其长期发展，增强企业的内在动力和可持续发展能力。

政府在提供直接的资金支持和财政补贴之外，还可以通过政策性金融机构和开发性金融机构的力量，进一步加大对中小微企业的资金支持力度。政策性银行和开发性金融机构作为政府设立的专门金融机构，其首要任务就是支持国家的经济政策和发展战略，而不以营利为主要目标。这些机构可以通过提供低息贷款、再融资以及专项资金等多种形式，向中小微企业提供大规模、长周期的资金支持。通过这些政策性金融工具，中小微企业的融资渠道被进一步拓宽、融资成本进一步降低，从而增强其在市场中的竞争力。

政府的财政补贴和资金支持还可以通过建立和完善公共服务平台，提升中小微企业的融资透明度和信用等级。例如，通过建立供应链金融服务平台，政府可以整合各类资源，提供高效便捷的信息服务，增强企业与金融机构之间的信息对称性、降低金融机构的风险评估成本、提升企业的融资效率。这样的公共服务平台还可以为中小微企业提供信用增进服务，建立信用档案，积累信用记录，提升其市场信用等级，从而在未来融资中获得更加优惠的条件。

二、税收优惠政策

税收优惠政策的核心目标是通过降低企业的税务负担，提高其现金流和盈利能力，进而支持小微企业的融资需求。作为政府对小微企业扶持的一部分，税收优惠政策不仅能够直接减轻企业的税负成本，还能够间接促进整个供应链生态的健康发展，为中小微企业注入更多的金融资源。

具体而言，税收优惠政策主要包括税率减免、税收减免、税收抵扣、优惠贷款等形式。税率减免政策是最常见的一种，通过降低企业所需支付的税率，企业在经营中有更多的资金可以用于流动和扩展业务。通常情况下，小微企业由于规模较小，尽管税基较低，其实际所支付的税款比例也会比较高。税率减免政策能够有效化解这一矛盾，使企业实际缴纳的税率更贴近其盈利能力，确保其财务状况的稳定性。

税收减免政策则是针对于特定的支出项目或投资行为，设定一定的税收减免额度，以鼓励企业进行相应的活动。尤其是对于供应链金融中的中小微企业，通过税收减免，政府可以鼓励企业加大研发投入、技术改造力度，推动产业升级。同时，还可以在特定的时期通过税收减免来减轻企业的负担，如在经济低迷时期或疫情等不可抗力发生时，给予企业临时性的税收减免政策，这无疑会为小微企业带来更大的支持。

税收抵扣政策也是一种非常有效的措施。通过允许企业在一定范围内将营业支出中的某些部分从应缴税款中扣除，税收抵扣政策可以鼓励企业进行创新、扩展业务和增值服务。例如，对于供应链金融中的小微企业，政府可以允许其将融资成本、物流和仓储成本、信息化建设等支出进行税收抵扣，从而降低这些环节的财务负担，提升其综合竞争力。

政府还可以通过设置优惠贷款政策，间接为小微企业提供财务支持。例如，政府可以设立专项基金，为符合条件的企业提供低息或无息贷款，以此降低企业的融资成本，拓宽其融资渠道。在供应链金融环境中，这种优惠贷款政策能够极大地提升小微企业在供应链中的运作效率，使其在面对市场的不确定性时，更具备应对风险的能力。

税收优惠政策不仅具有直接的财务救助效应，还能够通过改善企业的经营环境，促进供应链金融的健康发展。政策的实施有助于企业在供应链中的各个环节（如采购、生产、销售和物流等）降低成本，提升效率，优化资源配置。从而使整个供应链更加高效和稳定，有助于降低上下游企业的交易成本，并优化企业的资金流动性。政府在制定这类政策时，需要充分考虑不同行业、不同规模企业的具体需求，特别是针对小微企业的不同特性，来制定更具针对性和可操作性的税收优惠政策。

税收优惠政策在不同区域和行业的实施差异也需要充分考量。例如，经济发达地区的小微企业和经济欠发达地区的小微企业所面临的挑战是不同的，前者可能更需要技术创新和市场拓展方面的支持，而后者则可能更需要基础设施建设和基本运营成本方面的保障。因此，在制定区域性税收优惠政策时，需要依据当地经济结构、产业特点和企业需求，有针对性地制定实施方案，以确保政策的有效性和可行性。

税收优惠政策的实施还需透明、规范和稳定，确保企业可以长期、稳定地获得这类政策支持。企业在经营过程中需要对未来的财政支出有一个相对明确的预期，如果政策频繁变动，可能会导致企业难以做出长远的投资和发展规划。因此，政府在推进税收优惠政策时，需保持政策的一致性和透明度，加大政策宣传和解读力度，让企业充分了解和利用这些政策。

三、技术和信息化支持

技术和信息化支持在供应链金融的发展中起到了至关重要的作用。通过技术手段和信息化建设，可以实现供应链金融中的信息透明、风险控制、效率提升以及信用传递等目标，从而有效缓解小微企业在融资过程中的各种约束。技术和信息化支持主要体现在以下几个方面。

信息化平台的建设是供应链金融发展的基础。建立基于大数据、云计算和区块链等技术的信息化平台，可以实现供应链金融全流程的信息共享和透明化管理。这种信息化平台不仅能够将供应链上下游的企业信息、交易信息、物流信息等进行集成和分析，还能通过智能合约和自动化交易等手段，提升供应链金融的交易效率和安全性。在一个透明的环境下，金融机构能够更准确地评估小微企业的信用状况和风险水平，从而提供更加精准的金融服务。

区块链技术在供应链金融中的应用显著增强了整个链条的透明性和可信性。区块链技术具备去中心化、不可篡改和可追溯等特点，能有效防止数据伪造和篡改，从而提升供应链中的信息可信度。区块链技术，不仅能够保证交易记录的真实性和完整性，还能实现物流信息、资金流信息和票据信息的实时共享和追踪。这为金融机构提供了一个可靠的数据来源，使其能够更加放心地为小微企业提供融资服务。此外，智能合约的应用，通过预设条件和自动执行，可以大大提高供应链金融的效率和可靠性。

大数据和人工智能技术在供应链金融中的应用同样具有重要意义。大数据技术能够从海量数据中挖掘出有价值的信息和规律，为金融机构提供决策支持。通过大数据分析，金融机构可以更好地了解小微企业的经营状况、信用风险和发展潜力，从而制定出更加科学合理的融资方案。人工智能技术则能够通过机器学习和算法优化，为供应链金融提供智能化的风险控制和信用评估服务。例如，基于人工智能的风控模型可以动态监测小微企业的经营情况，及时发现潜在风险，并采取相应的防控措施。此外，人工智能还可以优化供应链金融的运营流程和客户服务，提升整体效率和用户体验。

供应链金融智能化系统的构建极大地提升了供应链金融的便捷性和高效性。智能化系统通过集成各种先进技术和工具，实现了供应链金融的自动化、智能化和信息化管理。这不仅减少了人工操作的烦琐和错误，还能通过智能算法实现资金的高效配置和风险的精准控制。通过智能化系统，小微企业可以更加便捷地提交融资申请，金融机构也可以更快速地完成审核和放款，从而大大缩短了融资周期，提升了融资效率。

必须提到的是，国家对技术和信息化发展的支持政策为供应链金融提供了良好的外部环境。近年来，国家不断出台促进信息化建设和技术创新的政策，为供应链金融的技术和信息化支持提供了有力保障。例如，政府通过扶持高新技术企业、建设创新试点城市、鼓励大数据和人工智能产业发展等举措，加速了信息技术在供应链金融中的应用推广。这些政策不仅有效推动了信息化平台和技术应用的落地，还为科技企业和金融机构提供了资金扶持和政策支持，进一步提升了供应链金融的技术应用水平。

技术和信息化支持在供应链金融中的重要性不容忽视，这不仅是现代供应链金融发展的必然趋势，也是缓解小微企业融资约束的重要手段之一。运用信息化平台、区块链技术、大数据和人工智能等先进技术，可以实现信息透明共享、风险精准控制、交易高效自动化，从而为供应链金融的发展提供有力支持。而国家对技术和信息化的政策支持，则为这些技术的应用创造了良好的条件和环境。因此，进一步推进技术和信息化支持是提升供应链金融服务水平、缓解小微企业融资困难的重要路径。

四、金融创新激励措施

金融创新激励措施的核心目标是通过改革和创新推动供应链金融的优化，进而缓解小微企业融资约束。金融创新激励措施包括政策工具和市场机制的组合运用，旨在促进金融服务的多元化和便利化，拓宽小微企业的融资渠道。

金融科技的广泛应用为供应链金融的创新提供了有力支持。区块链技术在确保交易数据的透明性和不可篡改性方面具有明显优势，使供应链各参与方更容易建立信任关系。智能合约的运用能够自动执行预设条件下的合同，提高了交易的效率和安全性。从政府角度出发，为了鼓励区块链和智能合约的应用，相关政策可以包括对涉足此类技术的企业提供税收优惠和研发补贴，建立专门的实验区和示范项目，通过立法明确区块链的法律地位等方式，这些技术能够在供应链金融领域得到更为广泛和规范的应用。

供应链金融基础设施的建设也是金融创新的重要领域。数字化经济背景下，建立一个完善的金融基础设施，包括统一的结算系统、信用评级系统以及各类金融服务平台，对于提高供应链金融的效率至关重要。政府可以通过政策引导和资金支持，加速金融基础设施的建设。例如，设立专项基金和补贴项目，鼓励金融机构和科技公司合作开发并推广先进的金融技术和服务平台；制定相关标准，确保各类金融基础设施的互联互通和数据共享；鼓励地方政府参与基础设施建设，为区域内的小微企业提供更为便捷的金融服务。

金融产品和服务的创新在供应链金融中具有重要的地位。传统的商业贷款在满足小微企业融资需求方面存在较多局限，通过推出一些创新型金融产品能够显著提升小微企业融资的灵活性。例如，保理业务、融资租赁、商业票据贴现等供应链金融产品都有助于降低小微企业的融资门槛和成本。政府在这方面可以采取多种激励措施，鼓励金融机构设计和开发针对小微企业的金融产品。例如，通过税收减免、利息补贴等措施降低金融机构的运营成本；通过政府担保或设立风险补偿基金，降低金融机构的贷款风险，激励其增加对小微企业的信贷投放。

金融监管的完善和创新也是关键。供应链金融涉及多方主体和复杂的交易结构，需要建立适应性强、透明度高的金融监管框架。政府可以通过多种方式促进金融监管的创新，从而更好地支持供应链金融的发展。例如，建立灵活的监管沙盒机制，允许金融机构和科技公司在一个受控的环境中测试和推出创新性金融产品和服务；优化现有的监管政策，鼓励信息透明和风险控制，通过发布指导意见和规范性文件，明确供应链金融业务的运营标准和风险控制要求；推动大数据和人工智能技术在监管中的应用，提高监管的效率和准确性。

金融知识普及和能力建设也是重要的激励措施。许多小微企业由于缺乏金融知识和经验，对供应链金融的理解和应用能力有限。政府可以通过多种渠道开展金融知识普及活动和能力建设项目，提高小微企业对金融产品和服务的认知水平和应用能力。例如，组织专项培训、研讨会和讲座，邀请金融专家和从业人员分享最新的金融知识和实务经验；利用互联网和多媒体平台，发布金融知识普及材料和教学视频，提升小微企业的金融素养；与各类产业协会和商会合作，推广供应链金融的成功案例和经验，激发小微企业对供应链金融的兴趣和参与热情。

技术合作和国际交流也是不可或缺的激励措施。在全球化背景下，供应链金融的发展不仅需要国内的政策支持，也需要国际的合作和交流。政府可以推动与国际金融组织、跨国企业和海外学术机构的合作，引进先进的金融技术和管理理念。例如，通过设立国际合作项目和科研基金，资助国内企业和科研机构参与国际供应链金融的研究和实践；举办国际性金融论坛和交流活动，搭建供应链金融领域的国际合作平台，促进各国在政策、技术和市场方面的交流和合作；与其他国家的金融监管机构建立合作机制，共同探讨和制定跨国供应链金融的监管标准和政策框架，提升全球供应链金融的发展水平。

第二节　供应链金融的法律与监管环境

一、法律框架和法规支持

供应链金融作为一种新型的融资模式，其主要目的是通过将核心企业、供应商、分销商等各方的信用状况和交易数据整合起来，优化融资渠道，解决小微企业融资难题。这种复杂而多样化的金融模式，需要健全的法律框架和完善的监管机制来保障其健康、有序的发展。因此，法律框架和法规支持的建立，是供应链金融运营的基石，也是小微企业能够从中受益的前提条件。

供应链金融的法律框架应该涵盖不同参与方的权利义务关系。在供应链金融中，核心企业、小微企业、金融机构、第三方平台等多个主体共同参与，他们之间的权利义务关系明确，是供应链金融顺利运行的重要前提。法律框架应针对各个主体提供相应的规范性文件，明确各自的责任和义务，确保交易的合法合规。例如，核心企业在确认应收账款、开具票据时应具备真实的贸易背景，并对其提供的相关资料的真实性、准确性负责；金融机构在对小微企业进行融资时，应严格遵循审慎性原则，确保贷款资金的正当使用；第三方平台则需提供安全、便捷的操作环境，并对信息的保密性负责。

供应链金融的法规支持需要综合考虑各类金融工具的合法性和风险控制措施。由于供应链金融中涉及应收账款融资、预付款融资、存货融资等多种金融工具，每一种工具都有其独特的风险和法律要求，因此法规支持应当细致而全面。例如，对于应收账款融资，法规应明确应收账款转让的有效条件以及债务人的告知义务，确保应收账款转让的公开和透明，保护融资方的合法权益。而在预付款融资中，法规需强调贸易合同的规范性，确保合同各方履约能力和履约意愿，防范由于履约能力不足或履约意愿缺失而导致的违约风险。此外，对于存货融资，法规有必要规定存货的评估、仓储以及监管要求，确保存货的真实、合规和安全存储，避免货权模糊、仓储管理不善等带来的风险。

同时，国际金融监管规则和国际贸易规则的对接也非常重要。这既包括国际贸易法则在具体业务操作中的应用，也涉及国际金融机构间的协同监管机制。目前，国际上对于供应链金融的法规实践较多，比如美国的统一商法典（Uniform Commercial Code, UCC）对应收账款的转让有明确规定。在开展跨国供应链金融业务时，要参考和借鉴这些国际经验，并推动国际规则与国内法律的对接，确保跨境融资业务的合规性和有效性。

健全供应链金融的法律框架，还需要基于科技创新的不断变化进行调整。例如，区块链技术正逐步渗透到供应链金融的各个环节中。区块链具有去中心化、不可篡改、透明性可追溯等特点，为供应链金融提供了新的契机和挑战。在这方面，法律框架应积极应对新技术带来的机会和风险、制定相应的法律和监管措施、扶持技术创新的应用，以防范技术应用中可能出现的法律风险。区块链的应用虽然能够使交易信息更加透明、不可篡改，但其技术特性也可能带来数据泄露或系统漏洞等问题。因此，法规需要针对区块链应用的合法性、安全性进行明确规定，并建立严格的信息保护机制，防止信息被滥用或误用。

此外，随着金融科技的快速发展，供应链金融逐渐向数字化、智能化方向演进，这要求法律框架和法规支持更加注重信息化建设和数据安全保护。金融科技在供应链金融中的应用，可以提高资金的流转效率和信息传输的准确性，但也带来了数据安全和隐私保护的挑战。法律框架应强调数据的所有权、使用权和隐私权保护，确保各方主体在进行数据交换和信息共享时，遵守相关隐私保护规定，防止信息泄露和滥用。同时，法规也应明确数据使用的边界，防止滥用用户数据进行非法活动，保护用户的合法权益。

监管环境是供应链金融健康发展的重要保障，一方面要加强对金融机构和第三方平台的审慎监管，确保各参与主体的合法合规运营；另一方面，监管机构需要不断完善供应链金融的监管体系，提升监管科技应用水平，及时发现和化解金融风险。同时，也要推动行业自律机制建设，鼓励行业协会和第三方机构制定行业标准和行为规范，促进供应链金融业务的健康、有序发展。监管机构应定期发布风险提示和监管政策，引导市场主体理性投资和规范经营，防范金融泡沫和系统性风险。

二、监管机构与其职责

供应链金融作为金融服务的一种创新模式，其健康发展和有效运作离不开健全的法律与监管环境。在该环境中，监管机构与其职责的明确划分至关重要。监管机构是供应链金融规范运行的保障者，负责制定法律法规、实施监督检查、处理违规行为和风险管理等多方面的工作。分析这些机构的设置、功能及其职责，可以更好地理解供应链金融的合规运营以及防范潜在风险的重要性。

在供应链金融的法律与监管环境中，主要的监管机构包括中央银行、金融监管委员会、证券监管机构以及地方金融监管部门。其中，中央银行在金融体系中占据核心地位，负责制定和执行货币政策，维护金融稳定，提供金融服务的指导规范。中央银行还从宏观层面管理金融市场的运作，通过调控利率和准备金率及其他工具，保证金融体系的流动性。这些措施间接影响到供应链金融的融资成本和市场环境。

金融监管委员会是另一个重要的机构，负责银行业、保险业、证券业等金融行业的统一监管。该机构通过制定和颁布金融法律法规和政策，对金融机构的经营行为进行监管，确保其合法合规，同时防范和化解金融风险。金融监管委员会不仅关注金融机构的单一风险，还强调系统性风险的防控，确保整个金融体系的健康与稳定。金融监管委员会对供应链金融的职责还包括监督供应链金融产品的设计、发行与交易，保障参与各方的合法权益不受侵害。

证券监管机构主要负责资本市场的监管，包括证券发行、交易、信息披露等多个环节。该机构的职责是保障证券市场的公开、公平、公正，维护投资者的合法权益。在供应链金融中，企业可以通过发行基于供应链的金融产品，如应收账款证券化等，来实现融资。证券监管机构的严格监管措施，有助于防范信息不对称、市场操纵等风险，促进资本市场的健康发展。

地方金融监管部门作为区域金融监管的执行者，主要职责是具体进行金融机构的日常监督和管理。地方金融监管部门能够根据区域特点和实际需求，灵活调整监管策略，维护区域金融市场的稳定。地方金融监管部门与中央银行和金融监管委员会密切合作，确保金融政策和法规的有效贯彻执行，特别是在供应链金融的推广和风险管理上，地方监管部门的作用尤其重要。

在明确监管机构的职责后，还需探讨其具体的监管措施和手段。首先，法律法规建设是供应链金融监管的重要基础，通过制定明确的法律法规和政策规章，为供应链金融活动提供法律依据。监管机构通过法律规范，对供应链金融的业务流程、准入标准、信息披露等方面进行详细规定，确保供应链金融运营的合法性和透明性。例如，能够通过规定金融产品的设计标准、交易流程以及风险控制措施，有效防范信用风险、操作风险和市场风险。

其次，审核与检查、风险管理和惩戒机制的日常监管也是深化供应链金融监管的有效手段。审核与检查包括对金融机构和业务活动的定期与不定期检查，以确保供应链金融业务符合法律法规的要求。风险管理则侧重于识别、评估和控制供应链金融中的各种风险，特别是对涉及多方主体和复杂交易结构的供应链金融业务，强调加强信息系统和技术手段的应用。惩戒机制涵盖了违规行为的界定、处罚标准和执行程序，通过惩戒机制有效遏制非法和违规行为，维护市场秩序。

再次，信息透明化和技术应用也是监管机构的重要工作内容之一。建立健全的信息披露制度，保证市场参与者能够获得充分、及时、准确的信息，有助于提高市场透明度和参与者的风险识别与管理能力。随着科技的进步，监管机构逐步采用金融科技手段，如大数据分析、区块链技术等，为供应链金融的监管提供技术支持和提升效率，实现智能化和精细化监管。

最后，国际合作与交流也在供应链金融的监管环境中占有重要地位。随着全球经济和贸易的融合，供应链在跨国之间变得越来越复杂和频繁，涉及不同国家和地区的法律法规和监管标准。国际监管合作能够推动各国监管机构之间的信息共享与协调，形成统一的供应链金融监管标准和风险防控体系，为跨国供应链金融活动提供更为安全和稳定的环境。

三、合规要求

在供应链金融的法律与监管环境中，合规要求是至关重要的一环，它关系到供应链金融各参与方的合法性、风险控制以及整体市场的健康发展。

供应链金融的合规要求必须建立在现有的法律框架基础上，这包括《商业银行法》《公司法》《合同法》《证券法》以及其他相关的金融法规。这些法律法规明确了金融活动的基本准则，为供应链金融的运作提供了法律基础。同时，企业在开展供应链金融业务时必须严格遵守这些法规，从而保障金融交易的合法性和有效性。

在供应链金融的设置中，商业银行通常扮演着重要的角色，这些银行需要遵守《商业银行法》和中国银行保险监督管理委员会的相关规定。例如，商业银行在提供供应链金融服务时，需要进行严格的风险评估和信用审核，以确保贷款和信用的发放合规。其中包含对贷款企业的资质、信用记录、经营状况等方面的详细审查，并在此基础上进行科学合理的风险控制和合规管理。此外，商业银行还需要建立健全的内控和风险管理制度，确保每一步操作都在合规的轨道上进行。

小微企业作为供应链金融的参与方，其合规要求主要体现在诚信经营、依法纳税、按时还款等方面。为了确保合规，小微企业需要建立完善的财务管理制度，确保财务数据的真实性和透明度，避免存在虚假财务报表或恶意逃避债务的情况。此外，小微企业在申请供应链金融服务时，应当依法提供真实、完整的企业信息和经营数据，这不仅是对贷款机构的尊重，也是对自身信用的一种保护。

供应链金融合规要求还涵盖了信息披露和透明度的要求。金融机构和企业在供应链金融业务中，需要按照相关法律规定，及时、准确、完整地披露相关信息，以保障投资者和其他利益相关者的知情权。在这方面，金融机构需要定期披露其财务状况、经营业绩、风险控制情况等信息，而企业则需要披露其经营状况、财务数据、核心团队情况等。这种信息透明有助于增进市场信任，提升整体供应链金融的健康性和可持续性。

针对供应链金融中可能涉及的跨境交易，合规要求还包括遵守国际金融法律法规。这些法律法规为跨境供应链金融活动设定了严格的准则。如跨境资金流动和交易需要报备和审批，涉及重要物资和技术的进出口需要取得必要的许可和合规证明。国际的贸易和金融机构需要协同合作，以确保跨境供应链金融的顺利进行和合规。

供应链金融的监管机构也在这一过程中发挥了重要的作用。监管机构通过法律法规和监管指导，确保了供应链金融行为的合法、合规。监管机构除了对金融机构和企业的遵规守法进行监督，还制定了相应的处罚措施，对违规行为进行惩戒，以维护市场秩序。例如，在中国，中国银行保险监督管理委员会、证监会、外汇管理局等多家监管机构对供应链金融的各个环节进行多层次、多维度的监管，确保市场的稳健运行。

互联网金融科技在供应链金融中的应用日益广泛，合规要求也随之增加。一方面，互联网金融科技在提升供应链金融效率、降低成本方面具有显著优势；另一方面，也带来了新的合规挑战。金融科技企业需要在产品设计、风控技术和平台运营上加强合规管理，确保数据隐私保护、信息安全和交易安全。金融监管机构也逐步出台相关政策，加强对金融科技在供应链金融中的应用进行指导和监管，以适应新型金融模式的发展需求。

四、风险控制与防范机制

供应链金融作为一种新兴的金融服务模式，通过对供应链上下游企业的资金流、物流、信息流的整合和优化，极大地促进了小微企业的融资。然而，供应链金融在为小微企业提供融资便利的同时，也伴随着一定的风险。这些风险包括信用风险、操作风险、市场风险、法律风险等。因此，为了有效保障供应链金融的平稳运行，必须构建完善的风险控制与防范机制。

信用风险是供应链金融中最为常见的一种风险，主要表现为借款企业或链条上的其他企业无法按时还款，导致融资机构蒙受损失。为了降低信用风险，融资机构应构建严格的信用评估体系。具体而言，应重视企业的信用评级，深入了解企业的财务状况、经营实力、管理水平以及在供应链中的地位，全面评估其偿债能力和违约概率。此外，还可以通过引入第三方担保或保险机制，分散和转移信用风险，增强贷款的安全性。

操作风险是指内部程序、人员管理、操作流程不当等原因引起的损失。在供应链金融中，操作风险主要包括资金流转的不当、信息传递的失误、合同条款的不完善等。为规避操作风险，必须建立严格的内部操作规范和流程控制体系。融资机构应加强员工培训，提升其专业素质和风险意识，确保各项操作程序的标准化和规范化。同时，需引入先进的信息技术系统，提升数据处理和信息传递的准确性和安全性，避免人为因素导致的操作失误。

市场风险是指因市场环境变化导致的金融资产价值波动，从而引发损失的风险。供应链金融中，市场风险主要体现为供应链中某一环节的市场供需变化，产品价格波动以及宏观经济环境的变动等。融资机构要善于利用市场预测模型和风险预警系统，对市场环境变化进行实时监测和分析，及时调整融资策略和风险敞口。同时，通过风险分散策略，将资金分散投资于多条供应链、多个周期和多个产品，降低单一市场波动对整体资金安全的影响。

法律风险是指法律法规、政策变化或法律纠纷等原因导致的损失。在供应链金融中，法律风险涉及诸多方面，包括合同合法性、债务追索权、担保物处理等。融资机构应注重法律合规，严格遵循相关法律法规，确保各项业务操作的合法性和合规性。合同条款要明确、详细，防止条款不清晰导致纠纷。同时，需加强与法律机构、律师事务所的合作，及时获取法律咨询，防范法律纠纷风险。

监管机构也在积极构建供应链金融的法律与监管环境，以更好地控制和防范风险。通过制定和完善相关法规，明确各方权责和业务规范，如规范银行、金融科技公司、核心企业等各类参与主体的行为，确保业务透明、风险可控。同时，监管机构还需加强对供应链金融的监督和管理，建立常态化的风险监测和评估机制，对市场异常波动和潜在风险进行及时干预和调控。

技术手段的应用在供应链金融的风险控制中也起到了重要作用。区块链、大数据、人工智能等新技术的引入，显著提升了信息透明度和数据处理能力，减少了信息不对称和操作失误。例如，通过区块链技术，可以实现供应链各环节信息的全程记录和不可篡改，提高了信息的真实性和可靠性；通过大数据分析，可以对企业的历史交易数据进行全方位挖掘，准确评估企业信用；通过人工智能，可以实现自动化风险预警和决策支持，提升风险管理效率和准确性。

在构建风险控制与防范机制的过程中，供应链金融的各参与方应强化合作和信息共享。核心企业、供应商、采购商、金融机构、技术服务提供商等应形成合力，共享信息资源，互通交易数据，构建信息共享平台，提升整体风控能力。特别是核心企业，可以通过提供其上下游企业的真实交易数据，帮助金融机构进行信用评估和风险判断，降低信息不对称导致的风险。

尽管供应链金融在缓解小微企业融资困境中发挥了重要作用，但其风险仍然多元且复杂。构建科学、完善的风险控制与防范机制是保障供应链金融稳健发展的必要条件。这不仅需要金融机构在操作管理、技术手段、政策研究等方面不断提升能力，还需要各方协同合作，构建信息共享、风险共担的生态体系，确保供应链金融在合规、安全、稳定的环境下健康发展，从而更好地服务于小微企业乃至整个经济社会的可持续发展。

第三节　供应链金融的市场前景

一、市场需求分析

供应链金融作为一种新兴的金融服务模式，其核心在于通过供应链的整合与协同，增强金融资源的配置效率，满足企业特别是小微企业的融资需求。在市场需求分析这一主题下，可以窥见供应链金融在缓解小微企业融资约束方面具有广阔的市场前景。对于供应链金融市场需求的分析，我们需要从多个角度入手，才能全面把握这一领域的发展潜力和方向。

供应链金融市场需求的产生源自小微企业融资难题的普遍存在和急迫性。小微企业在国民经济中占据重要地位，然而，其自身财务弱点、信用积累不足以及信息不对称等原因，使其常常面临融资困难。传统金融机构主要依赖于抵押和担保方式，而小微企业往往缺乏足够的合格抵押物，且无法提供稳定的财务报表，导致其贷款申请频频受阻。供应链金融通过核心企业的信用传递，可有效解决信息不对称问题，将融资渠道扩展至供应链上的各个环节，这对小微企业而言，不啻为一种革命性的融资方式。

随着全球供应链的日益复杂和贸易全球化程度的加深，企业间的协同和信用传递机制变得更加重要。供应链金融利用核心企业与上下游企业之间的密切合作关系和关联性，通过信用保证、应收账款质押、保理等具体操作手段，将原本孤立的小微企业纳入供应链体系中，极大地提升了小微企业的融资能力。同时，这种模式不仅涵盖了核心企业与其上下游企业，还将物流、信息流等相关产业链环节纳入金融服务范畴，使供应链上的所有成员都能够通过这种协同机制受益。

在互联网、大数据、物联网和区块链等新技术的加持下，供应链金融发展前景愈加光明。新兴技术手段的介入，使交易过程更加透明、信息更为对称，有效降低了金融风险。比如，大数据技术能够对供应链中的交易数据进行实时采集、分析和监控，从而建立起全面的信用评价体系；区块链技术则通过不可篡改的分布式账本，保障了交易信息的真实性和安全性。这些技术的应用，为供应链金融提供了强有力的支持，使其更能适应快速变化的市场需求。

除了技术因素，政策环境的支持也在促进供应链金融市场需求的增长。各级政府和监管机构积极推出了各种政策和金融工具，鼓励和规范供应链金融的发展。例如，政府推动的供应链金融服务平台建设，为企业提供了高效、透明的金融服务环境；政策性金融机构和商业银行则通过专项贷款、贴息等形式，支持小微企业的供应链金融需求。这些政策措施的出台，不仅优化了供应链金融的发展环境，还进一步激发了市场的需求潜力。

由此可见，供应链金融的市场需求具有深厚的现实基础和广阔的发展前景。一方面，小微企业对资金流的急迫需求是供应链金融市场需求的重要驱动力；另一方面，技术进步、全球化趋势和政策支持共同促进了供应链金融的快速发展。在未来，随着供应链金融服务的不断深入和完善，这一市场需求将会更加旺盛，并在更大范围内解决小微企业的融资难题，推动经济的可持续增长。

供应链金融市场需求的增长还可以从具体案例中得到验证。近年来，许多核心企业和金融机构纷纷布局供应链金融，通过创新的金融产品和服务模式，越来越多的小微企业能够获得融资。在农产品、电子产品、医药制造等多个行业，供应链金融的成功应用都已经显现出其显著的效果，为行业发展注入了新的活力。

例如，在农业产业链中，农产品生产者通常面临季节性现金流压力，通过供应链金融，可以提前获得采购商的付款，从而缓解资金周转困难。再如，电子制造行业中，中小零部件供应商依靠供应链金融服务，可以加速资金回笼、稳定生产经营。这些实际案例充分展示了供应链金融在不同经济领域的适配性和效用，进一步验证了其市场需求的广泛性和持续性。

二、潜在的增长机会

在供应链金融领域，随着全球经济一体化进程的推进以及产业链条的深化，供应链金融的潜在增长机会广泛而巨大。这种金融服务不仅能提升整个供应链的效率，还能为各参与方尤其是小微企业提供更多的融资选项和优化资源配置。供应链金融的潜在增长机会，具体体现在多个方面。以下从市场需求、技术进步、政策支持到国际化经营等角度分析，揭示其背后隐藏的强大动力和前景。

供应链金融在市场需求方面展现出巨大的潜力。现代经济运行中，产业链的复杂程度不断提高，各类企业间的关联性也日益增强。尤其是大型企业为了提升其供应链的稳定和效率，通常会采取一系列金融措施来支持其上下游供应商。而对于中小企业和小微企业来说，供应链金融成为他们获得融资的重要手段。小微企业往往面临着传统银行融资门槛高、审批流程烦琐、担保物资不足等问题，使他们在资金周转上遇到不少困难。而供应链金融通过对核心企业信用的评估和管理，可以让中小企业借助自身业务中的真实交易记录和应收账款获得融资，降低融资难度，这就在无形中拓展了市场需求。此外，越来越多的企业意识到，优化供应链管理不仅能够降低成本，还能提高企业的整体竞争力。因此，供应链金融市场逐步呈现出快速增长的态势。

技术的进步为供应链金融市场带来了新的增长动力。区块链、大数据、人工智能等新一代信息技术正在深刻改变着供应链金融的运营模式。区块链技术由于其透明、不可篡改和去中心化的特点，能够保障供应链金融交易的安全性和可信度，从根本上解决了信息不对称的问题，使各环节间的信任基础得以加强。大数据技术使供应链金融机构能够利用更加丰富的数据源进行风险评估和信用管理，提高融资决策的科学性和准确性。同时，人工智能的应用可以优化风控模型，准确预测市场走势和潜在风险，从而提供更加智能化、个性化的金融服务。这些技术手段的应用，不仅提升了供应链金融的服务效率和体验，还有效降低了金融交易的成本。由此可见，技术驱动型创新正不断为供应链金融市场开辟新的增长空间。

政策环境的变化也为供应链金融的发展提供了新的契机。国内外的政府和监管机构近年来不断出台相关政策，鼓励和引导供应链金融的发展。中国政府在多次重要政策文件中明确提出，支持供应链金融服务实体经济，特别是要加大对中小企业的支持力度。同时，监管部门通过完善信用体系、优化营商环境、加强金融机构对小微企业服务的要求等多方面入手，为供应链金融提供了更为宽松的政策环境。这些政策既在宏观层面上提升了市场参与者的信心，同时也在微观层面上促进了供应链金融业务的坚实推进。全球范围内，一些发达国家和地区也已认识到供应链金融在提升供应链效率、保障经济稳定等方面的作用，并纷纷出台相应政策予以支持，这为全球供应链金融市场的同步发展提供了有利条件。

国际化经营的趋势同样推动了供应链金融市场的扩展。在经济全球化背景下，跨境贸易和国际合作越发紧密，这给供应链金融提供了更广阔的舞台。跨境供应链金融不仅能够满足全球企业的资金需求，还可以优化国际结算、外汇管理等复杂流程，降低企业的运营成本。对于跨国企业来说，通过供应链金融的灵活运用，可以实现全球资源的高效配置和优化管理，提升其国际竞争力。不仅如此，随着共建"一带一路"倡议的深化推进，中国企业在国际市场上的影响力逐步增强，越来越多的企业通过跨境供应链金融实现了更为稳健的业务拓展。国际市场的开发，不仅为供应链金融产品和服务带来了新的增长点，同时也进一步推动了全球金融市场的一体化进程。

随着绿色金融和可持续发展理念的日益普及，绿色供应链金融成为一大亮点。在全球环境保护和社会责任意识提升的背景下，越来越多的企业开始注重环境风险管理和绿色发展。而供应链金融通过创新金融产品和服务，能够有效支持企业的绿色转型。例如，金融机构可以通过发行绿色债券、提供绿色贷款等方式，支持企业开展绿色项目。这种绿色供应链金融不仅能够帮助企业提升其环境表现，还能够为金融机构带来新的业务增长点，并增强其社会影响力和声誉。

通过这些分析，不仅能全面把握供应链金融市场的现状和趋势，还能更好地预见其未来的发展路径以及潜在的增长点。这种系统性的理解和洞察，将有助于各类市场主体更好地参与和利用供应链金融，实现共赢发展。未来，各方应继续在创新实践、政策引导、技术优化等方面共同努力，推动供应链金融产业的高质量、可持续发展。

三、市场竞争态势

供应链金融作为一种新兴的金融模式，通过整合产业链上下游资源，优化企业的现金流和资金周转，为中小微企业的融资难题提供了一种具有创新性的解决方案。然而，在供应链金融市场的竞争态势中，各类机构和企业纷纷涉足，竞争格局日益激烈。当前，供应链金融市场主要的参与主体包括银行、互联网金融平台、大型企业和物流公司等，这些不同类型的主体通过各自的资源优势和创新手段在市场上展开了全方位的竞争。

银行作为传统的金融机构，具有强大的资金实力和广泛的客户基础，且在风险管理和信用评估方面拥有丰富的经验。银行通常通过与大型企业以及其上下游供应商的合作，提供应收账款融资、预付款融资和存货融资等多种金融产品。利用自身的品牌优势和金融产品的多样性，银行在供应链金融市场中占据了一定的市场份额。然而，银行在面对中小微企业时，通常因为贷款审批流程复杂和风控标准严格，未能完全覆盖这些企业的融资需求，从而为其他类型的金融机构提供了市场机遇。

互联网金融平台凭借其技术优势和运营灵活性，迅速成为供应链金融市场的重要力量。这些平台通过大数据和人工智能技术，对企业的信用状况和现金流进行实时监控和评估，从而实现更加精准和高效的风控管理。互联网金融平台通常提供较为灵活的融资产品，例如供应链金融ABS（资产证券化）和应收账款融资等，覆盖了银行无法全面服务的中小微企业。互联网平台的快速响应和审批效率，使它们能够迅速占领市场，并形成与传统银行相补的竞争格局。

大型企业，特别是那些在产业链中具有核心地位的龙头企业，利用其上下游资源和对产业链的控制能力，也积极进入供应链金融市场。这些企业通过其信用背书，为上下游中小微企业提供融资担保或直接进行资金垫付，帮助小微企业解决了融资难、融资贵的问题。大型企业在供应链金融中不仅提供了资金支持，还通过优化上下游企业的生产和销售规划，提升了整个供应链的运作效率。因此，具备强大市场影响力和资源整合能力的大企业，成为供应链金融市场不可忽视的重要竞争者。

物流公司也依托其在物流环节的优势，逐步涉足供应链金融领域。这些公司可通过掌握的物流信息和供应链管理经验，为上下游企业提供仓单质押和库存融资等金融服务。物流公司的优势在于其能够实时追踪货物的运输和存储情况，降低了融资过程中的货物风险，从而提供更加安全和低成本的融资解决方案。物流公司在供应链金融市场中的角色，体现了其从单一物流服务提供商向综合金融服务商的战略转型，并通过创新商业模式获取新的利润增长点。

不同类型的参与主体在供应链金融市场中的竞争，不仅表现为产品和服务的多样化，还在于技术和风控能力的比拼。随着金融科技的快速发展，各类金融机构和企业不断通过技术创新提升供应链金融服务的质量和效率。例如，大数据分析、区块链技术、人工智能等新兴技术在风控、信息披露、资金流转等环节的应用，不仅提高了资金的使用效率，还增强了整个供应链金融系统的透明度和安全性。金融科技的应用，使供应链金融市场的格局更加复杂和动态，也加剧了市场竞争。

在这场竞争中，监管环境的变化也对市场主体的行为产生了重要影响。各国政府和监管机构为了规范和促进供应链金融市场的发展，出台了一系列政策规范和监管措施，旨在防范金融风险、保护投资者利益、促进市场健康发展。这些政策和措施不仅影响了市场主体的竞争策略，也在一定程度上塑造了市场的整体竞争态势。例如，针对供应链金融ABS的监管政策，直接影响了银行和互联网金融平台的产品设计和风控标准。

供应链金融市场未来的竞争态势，将继续受到技术进步、政策变化和市场需求多重因素的驱动。一方面，随着技术的不断升级，供应链金融服务将更加智能化和个性化，服务模式也将更加多样化；另一方面，随着市场的不断发展和成熟，竞争也将趋于规范化和专业化。市场的参与主体需要不断增强自身的核心竞争力，通过差异化竞争策略获取更大的市场份额和客户资源。与此同时，加强合作和资源共享，形成协同效应，也是未来供应链金融市场发展的重要方向。

参考文献

[1]梁晔. 金融创新 科技先行[J]. 软件和集成电路，2024（5）：6-8.

[2]郭玉杰，张炜华. 供应链金融赋能乡村振兴的创新模式研究[J]. 农村·农业·农民，2024（9）：26-28.

[3]宋华，陶铮，杨雨东. 供应链金融增强企业组织韧性的影响机制[J]. 中国流通经济，2024，38（6）：103-114.

[4]容荻风. 乡村振兴背景下农业供应链金融数字化发展路径探究[J]. 全国流通经济，2024（8）：149-152.

[5]祝天伦. 数字普惠金融对中小微企业融资约束的影响及机制研究[D]. 济南：济南大学，2022.

[6]刘变叶，何祖明. 小微企业的物联网供应链融资模式创新研究[J]. 金融理论与实践，2020（4）：62-68.

[7]王子菁. 融资约束、共享金融与小微企业成长性研究 [D]. 济南：山东大学，2018.

[8]范方志，苏国强，王晓彦. 供应链金融模式下中小企业信用风险评价及其风险管理研究[J]. 中央财经大学学报，2017（12）：34-43.

[9]陈前前. 小微企业文化、融资决策与其成长性的实证研究[D].济南：山东大学，2016.

[10]张飞腾. 小微企业的财务管理问题及对策[D]. 济南：山东师范大学，2014.

[11]刘晶晶. 我国小微企业的融资环境问题及对策研究[D]. 长春：吉林大学，2012.

[12]夏立明，宗恒恒，孟丽. 中小企业信用风险评价指标体系的构建：基于供应链

金融视角的研究[J].金融论坛，2011，16（10）：73-79.

[13]胡跃飞.供应链金融：极富潜力的全新领域[J].中国金融，2007（22）：38-39.

[14]闫俊宏.供应链金融融资模式及其信用风险管理研究[D].西安：西北工业大学，2007.